Markus Marthaler

Life Balance –
Wege zum inneren Gleichgewicht

Markus Marthaler

Life Balance –

Wege zum inneren Gleichgewicht

Kreuz

Für Sarah

Danksagung

Die Entstehung dieses Buches kann mit der Schwangerschaft eines Kindes verglichen werden. In diesem nicht immer einfachen Veränderungsprozess waren es ganz wenige Menschen, die mir mit Verständnis aber auch konstruktiver Kritik beigestanden haben.

Die Geburt allerdings hat erst der wertvolle und unermüdliche Beitrag von Ildiko Glück möglich gemacht. Rüdiger Dahlke und Reinhard Lier standen mir wohlgesinnt als fachtechnische Paten zur Seite, während Claudia Feser und Gerhard Goss durch ihre Art der Freundschaft das übrige dazu beigetragen haben, dieses »Kind« in die Welt zu stellen. Ihnen aber auch vielen anderen mehr danke ich ganz herzlich für die Unterstützung.

Inhalt

Motivation zu diesem Buch   7

Freude und Glück   11

Schmerz und Leid   13

Liebe   15

Das Leben und seine Aufgaben   17

Störungen der Ordnung   19

Der Stress   21
Seine Symptome   22
Die möglichen Ursachen   25

Gedanken zum Thema der Ordnung   41

Die Bedeutung der Gedanken   45

Vom Sinn der Vorbeugung   49

Die Ebene des Körpers   53
Der Umgang mit Krankheit   54
Der Wert unserer Gesundheit   58

Die Ebene des Umfeldes   70
Der persönliche Wohn- und Lebensbereich   77
Kommunikation in der Gesellschaft   85
Vom Umgang mit Geld   96
Arbeit und Beruf   105

Dienstleistung als Brücke vom Mitarbeiter zum Unternehmen	112
Unternehmen und Organisationen im Kontext	114
Ordnungen im Unternehmen	115

Die Ebene von Partnerschaft und Familie 127
Partnerschaft gestern 128
Partnerschaft heute 129
Resonanz und Partnerschaft 131
Mögliche Aufgaben einer Partnerschaft 132
Giftstoffe in Beziehungen 134
Die Familie 141

Die Ebene von Abschied und Loslassen 145
Die Trauer 147
Das Sterben von Menschen 149
Verlust des Arbeitsplatzes 153
Scheidung 157

Gedanken zum Lernprozess 163
Die praktische Umsetzung 175

Ausblick 179
Staatsgefüge 182
Politik 183
Wirtschaft 184
Wissenschaft 185
Umwelt 186
Soziales Gefüge 188
Schulbildung 190
Religion 192
Tod 194
Persönliche Lebensgestaltung 196

Literaturempfehlungen 198

»Die Motivation zu diesem Buch«

Wir haben größere Häuser, aber kleinere Familien,
Mehr Bequemlichkeit, aber weniger Zeit,
Mehr Wissen, aber weniger Urteilsvermögen,
Mehr Experten, aber größere Probleme,
Wir haben unseren Besitz vervielfacht, aber unsere Werte reduziert,
Wir haben dem Leben Jahre hinzugefügt, aber nicht den Jahren Leben,
Wir kommen bis zum Mond, aber nicht mehr an die Tür des Nachbarn,
Wir können Atome spalten, aber nicht unsere Vorurteile!

Gedanken eines Zeitgenossen

Es gibt Momente im Leben, wo kein Stein mehr auf dem anderen bleibt, Wünsche und Vorstellungen auf einmal den traditionell gewohnten Alltag völlig in Frage stellen. Wie so oft, brechen solche Krisen ohne Vorwarnung gleichzeitig in mehrere Erlebnisbereiche ein. Man fühlt sich inmitten eines Flusses und all die Erkenntnisse und vermeintlichen Errungenschaften der Vergangenheit fließen an einem vorüber.

Eine solche Situation, um keinen Preis möchte ich sie missen, veranlasste mich, meine bisherige Biographie zu hinterfragen. Plötzlich verblassten scheinbar traditionelle, auf Egoismus und auf theoretische Muster aufgebaute Werte. Ich musste feststellen, dass das Leben nie fragt, ob es mir passt oder nicht, sondern sich lediglich dafür interessiert, wie ich damit umgehe.

Es war der Leidensdruck, der meine Veränderungsbereitschaft ermöglichte und Gewohnheiten sterben ließ. Auf einmal waren da Menschen, die neue Möglichkeiten aufzeigten, Ereignisse welche mich dahin führten, die mir angebotenen Türen zu öffnen und mein Leben neu zu gestalten. Ich denke, dass Hilfe uns immer zuwächst, wenn die Bereitschaft vorhanden ist, diese auch anzunehmen. In den meisten Fällen kommt sie dann von dort, wo man sie am wenigsten vermutet. Wenn das eigene Leben aus dem Gleichgewicht gerät, wird es schwierig, sich selber zu spüren. Nicht im »Lot« sein heißt, keine Möglichkeit haben, die eigene Tiefe auszuschöpfen, statt Ruhe und Kraft breiten sich Hektik und Schwäche aus. Reaktion bewirkt Aktion, Angst verdrängt das Vertrauen und so folgt zerstreutes Handeln in einer zerstreuten Welt.

In dieser Wesenhaltung eher ungeübt, habe ich begonnen, die einzelnen Lebensbereiche in einer konstruktiven Art und Weise kritisch zu betrachten. Ich habe versucht, mögliche Ansätze zu einer vorhandenen Ordnung zu finden, um das innere Gleichgewicht bewusster zu gestalten. Das Leben ist zu kurz, um klein zu sein, und so versuche ich es mit Wachstum zu füllen.

Dieses Unterfangen jedoch steht in einem krassen Widerspruch zu unserem gesellschaftlichem Verhalten. Zwar hat der technische Wandel unseres gepriesenen Zeitalters vieles möglich gemacht. Doch haben uns all die Errungenschaften wirklich weiter gebracht? Sind wir glücklicher, gesünder oder gar gelassener geworden?

Vor lauter Fortschritt verirren wir uns immer weiter in technische Abhängigkeiten und die lärmende Umwelt hat längst die innere Stimme zum Schweigen gebracht. Wirtschaftlicher Erfolg hat seinen Preis und es scheint so, als dass wir unseren materiellen Wohlstand bisher nur aus einem Blickwinkel betrachtet haben und die Kehrseite dieser Medaille mehr oder weniger erfolgreich verdrängen. Es ist unsere Seele die hungert, sie beugt sich nicht dem wirtschaftlichen Fortschritt. Ihr Vernachlässigen täuscht nicht darüber hinweg, dass unsere Sehnsucht nach Liebe und innerer Geborgenheit noch immer vorhanden ist, und wohl wie selten zuvor herbeigesehnt wird.

Ich fühle mich als Kind dieser Zeit mit all den Trümpfen und Nieten, die eine menschliche Biographie mit sich bringt. Aus all diesen Überlegungen heraus wuchs in mir die Motivation, das Spiel dieser äußeren Welt etwas aufmerksamer zu betrachten, um Mittel und Wege zu suchen, jene innere Harmonie wiederzufinden, die aus der Ruhe in die Kraft führt.

Die Erfahrung der Stille

Zu einem einsamen Mönch kamen eines Tages Menschen. Sie fragten ihn: »Was für einen Sinn siehst Du in deinem Leben der Stille«? Der Mönch war eben am Schöpfen von Wasser aus einer tiefen Zisterne. Er sprach zu seinem Besuch:

»Schaut in die Zisterne! Was seht ihr?« Die Leute blickten in die Zisterne. »Wir sehen nichts!« Nach einer kurzen Zeit forderte der Einsiedler die Leute wieder auf: »Schaut in die Zisterne! Was seht ihr?« Die Leute blicken wieder hinunter. »Ja, jetzt sehen wir uns selber«! Der Mönch nickte und sprach:

»Schaut, als ich vorhin Wasser schöpfte, war das Wasser unruhig. Jetzt ist es ruhig. Das ist die Erfahrung der Stille, man sieht sich selber!«

(Östliche Weisheit)

Freude und Glück

> Der Höhepunkt echter Freude ist erreicht,
> wenn der Mensch bereit ist,
> das zu sein, was er ist.
>
> *Erasmus von Rotterdam*

Die meisten Menschen streben in all ihrem Tun nach Freude und Glück, das doch für jeden wieder etwas anderes beinhaltet. Für den einen heißt dies Gesundheit und inneren Frieden, für den anderen eine tolle Partnerschaft oder die Verwirklichung in der Arbeit. Oft allerdings erwarten wir einen Zustand in der Zukunft. Wir richten unsere Aktivitäten darauf aus, jagen ihm hinterher und erliegen der Illusion, dann glücklich oder von Freude erfüllt zu sein, wenn wir all das bekommen haben, was wir uns wünschen.

Die Gesellschaft setzt dabei oft voreilig Begriffe wie Glück und Freude einander gleich, was bei näherer Betrachtung nur bedingt zutrifft.

Die Suche nach dem *Glück* verursacht in unseren Denkstrukturen immer wieder jene Unruhe, welche unser Hirn mit Lebendigkeit ausfüllt, wie der Hirnforscher Gerald Hüther vom Max-Planck-Institut in einer Studie festhält. Dies mag mit ein Grund sein, warum sich zum Beispiel bei einem Bungeesprung der Hormonhaushalt durch die überwundene Angst und Spannung in ein rauschartiges Glücksgefühl verwandeln kann. Während wir das Glück oft im Zusammenhang mit äußeren Umständen erleben, wie glückliche Fügung, Glück gehabt, etc. weist uns der etymologische Sinn dieses Wortes auf eine tiefere Bedeutung hin.

Glück trägt im altgermanischen Sprachschatz das Wort »Heil« in sich und bedeutet auch »Ganz.« Eine Parallele dazu finden wir gleichzeitig im Wort »Schicksal« das sich aus den Wortteilen »schicken« und »sal« zusammensetzt. Sal heißt Heil, demnach wird Schicksal mit »geschicktem Heil« übersetzt.

Dieser Zusammenhang zeigt auf, dass Glück und Schicksal nicht voneinander zu trennen sind – da mag es auch nicht zufällig erscheinen, dass in der symbolischen Welt der Römer Fortuna als Schicksals- und Glücksgöttin verehrt wurde.

Die *Freude* andererseits fällt einem nicht zu, sie stellt sich als Konsequenz eines inneren Wachstumsprozesses ein. Es setzt voraus, dass man die gegebenen Umstände seines Lebens akzeptiert, sich mit der Vergangenheit ausgesöhnt hat, um aus einer achtsamen Gelassenheit das Kommende anzunehmen. Aus einer bewussten Gestaltung unseres Lebens kann die Erkenntnis reifen, dass die Freude nicht irgendwo auf uns wartet, sondern sie uns täglich begleitet, wenn wir bereit sind, sie auch zu sehen.

Schmerz und Leid

> Im Atemholen sind zweierlei Gnaden,
> die Luft einziehen, sich ihrer entladen,
> Jenes bedrängt, dieses erfrischt,
> So wunderbar ist das Leben gemischt,
> Du danke Gott, wenn er dich presst,
> und dank ihm, wenn er dich wieder entlässt.
>
> *J.W. von Goethe*

Den emotionalen Gegenpol von Glück und Freude erleben wir durch Leid und Schmerz. Während sich der Schmerz auf das Körperlich-Psychische des Menschen konzentriert, bringt uns die Tiefe des Leides mit der innersten Einsamkeit in Kontakt. Der Schmerz verursacht nicht zwingend das Leid, während das Leid sich in seiner äußeren Form über den Schmerz manifestiert. Die meisten unserer täglichen Aktivitäten dienen bewusst oder unbewusst dem Verhindern von Leid. Kaum sind wir davon betroffen, versuchen wir dieses Unangenehme so rasch wie möglich wieder loszuwerden. Es ist der Leidensdruck, der uns aus den Klammern der Gewohnheit reißt, wobei uns das Gefühl der Angst als heimlicher Antrieb dient.

Jede Angst gründet darin, Leid und Schmerz ertragen zu müssen. Dieses wiederum entsteht ausschließlich aus zwei Beweggründen, nämlich einerseits aus der Angst heraus etwas hergeben zu müssen, was wir behalten wollen oder andererseits etwas nicht zu kriegen, das wir haben möchten. In beiden Fällen steht das Haben wollen, das Anhaften, das nicht Loslassen im Vordergrund.

So steht bei allem Leid am Ende die Angst vor dem eigenen

Tod als Ausgangspunkt unserer Überlebensstrategie. Doch gerade diese Tatsache tabuisiert dieses Thema in unserer Gesellschaft in einem hohen Maß. Die daraus resultierende Verdrängung erkennen wir in einer übersteigerten Angst wieder und schürt in unserer materialistisch orientierten Welt den Drang nach Versicherungen jeglicher Art.

Wachstum im seelischen Bereich geschieht, wie uns die Philosophie des Buddhismus lehrt, ausschließlich über das Erfahren, Ertragen und Verarbeiten von Leid. Im Rückblick des Lebens sind dies die wahren Spuren im Sand, welche uns mit der inneren Reife in Kontakt bringen und uns bewogen haben, das Leben in andere Bahnen zu lenken.

Glück oder Unglück?

Ein alter Mann und sein Sohn bestellten gemeinsam ihren kleinen Hof. Sie hatten nur ein Pferd, das den Pflug zog. Eines Tages lief das Pferd fort. »Wie schrecklich«, sagen die Nachbarn, »welch ein Unglück«. »Wer weiß«, erwiderte der alte Bauer, »ob Glück oder Unglück?«. Eine Woche später kehrte das Pferd aus den Bergen zurück, es brachte fünf wilde Pferde mit in den Stall. »Wie wunderbar«, sagten die Nachbarn, »welch ein Glück«. »Glück oder Unglück? Wer weiß«, sagte der Alte. Am nächsten Morgen wollte der Sohn eines der wilden Pferde zähmen. Er stürzte und brach sich ein Bein. »Wie schrecklich. Welch ein Unglück!«. »Glück, Unglück?«.

Die Soldaten kamen ins Dorf und holten alle jungen Männer in den Krieg. Den Sohn des Bauern konnten sie nicht brauchen, darum blieb er als einziger verschont. »Glück? Unglück?«.

(Östliche Weisheit)

Liebe

> Die Freude und der Schmerz die stritten um die Wette,
> wer an des Menschen Herz das meiste Anrecht hätte.
> Da trat die Lieb hinzu und sprach:
> O lasst das Streiten!
> Mein ist das Menschenherz, ihr sollt es nur begleiten.
>
> *Volksmund*

Aus dem eigenen Erleben kennen wir im Ansatz des »Verliebtsein« dieses machtvolle Mysterium, verspüren den Fluss der Energien und erleben, wie selbst die elementaren Bedürfnisse wie Essen und Trinken im Hintergrund versinken.

Das Erlebnis der wohl reinsten Form menschlicher Liebe erfahren die meisten Mütter. Bedingungslos lieben sie ihre Kinder um ihrer selbst willen, wie es symbolisch die Sonne gegenüber uns Menschen tagtäglich zum Ausdruck bringt.

Liebe ist der Freude ähnlich, eine immer lebendige Gegenwart und nur jenem vorbehalten zu verströmen, der sie in sich gefunden hat. Was wäre das Leben ohne die Liebe, wo läge der Sinn unseres Seins, wenn wir es nicht zulassen, uns selber um der anderen willen zu lieben.

Der Anspruch, die Liebe in welcher Form auch immer zu definieren, verirrt sich gerne in der Anmaßung. Eigene Vorstellungen und Wünsche, wie sie zu sein hat, ja gar welchen Ansprüchen sie genügen soll, trüben den Blick zur Klarheit. So schreibt Khalil Gibran:

»Liebe gibt nichts, als sich selber und nimmt nichts, als aus sich selber heraus.

Liebe besitzt nicht und lässt sich nicht besitzen, denn sie genügt sich selbst.«

Vielleicht ist es wirklich nur dieses eine Mysterium, dieses Unfassbare, das uns als Motivation und Sinnerfüllung in allen unseren Handlungen des Lebens begleitet.

Das Leben und seine Aufgaben

Ich bin ich weiß nicht wer
Ich komme ich weiß nicht woher
Ich gehe ich weiß nicht wohin
Mich wundert, dass ich so fröhlich bin.

Angelus Silesius

Bereits als wir noch als Kinder die Schulbank drückten, sahen wir uns mit Aufgaben und Lektionen konfrontiert. Vieles stellen wir schon damals in Frage und das Warum klärte sich meistens erst zu einem späteren Zeitpunkt unseres Leben. Wenn auch Unlogisches und scheinbar Unnützes die Unterrichtsstunden füllte, so entsprach dies trotzdem einem roten Faden, den man in der Erwachsenenwelt Lehrplan nannte.

Die Kunst des Lehrers bestand darin, uns mit pädagogischen Mitteln zum Lernen zu motivieren, was schon damals nicht immer gelang. Sie stellten uns auf die Probe, um den Wissenstand zu prüfen und tadelten das Verhalten auf dem Schulhof. Der Lernprozess aber stand immer als Vorbereitung für das spätere Leben im Vordergrund.

Vielleicht besteht unser Schicksal ebenfalls aus einem Lehrplan, den es, einer Lebensschule ähnlich, durch die Jahrzehnte hindurch zu durchleben gilt. Ereignisse und Menschen treten in unser Leben ein, begleiten uns einen Moment und verabschieden sich wieder. Prüfungen führen uns an die Grenze unserer Erkenntnisfähigkeit und lassen uns spüren, dass wir immer alleine unterwegs sind.

So offenbart sich der Sinn von Ereignissen und Begegnungen, wenn überhaupt, oft erst im Nachhinein.

Wir erleben unsere Biographie immer irgendwo zwischen Freude und Schmerz, Erfolg und Misserfolg, dem Haben wollen und Loslassen müssen. Das Leben ist, wie Goethe es treffend ausdrückt: »… ein stetes Stirb und Werde und wer das nicht versteht, ist nur ein trüber Gast auf dieser dunklen Erde.«

Wandel

»Der König war ein tapferer Krieger und ein wahrhaftiger Herrscher, doch in einer Schlacht war er mit seinem Heere der Niederlage nahe, das Essen war knapp, die Stimmung schlecht. So sandte er nach einem Weisen und bat um Rat. Dieser schenkte ihm einen Ring und sprach: »Dreh ihn und lies«. Der König drehte den Ring und las die drei sich offenbarenden Worte: »Alles geht vorbei«. Diese Aussage erfüllte ihn derart mit Mut, dass er alle seine Soldaten noch einmal hinter sich scharen konnte und mit ihnen entfesselt zur alles entscheidenden Schlacht aufbrach. Diese Erkenntnis brannte wie Feuer in ihm und sprang auf seine Krieger über, man rang den Gegner nieder und triumphierend ritt man ins Königreich zurück. Das Volk lag dem König zu Füßen und feierte ihn gebührend. Nun sollte seine Siegesrede beginnen, das ganze Reich war bereit seinen großen Worten zu lauschen, da hörte er es aus einer Ecke flüstern: »Vergiss nicht den Ring zu drehen, ehe du beginnst« …

Störungen der Ordnung

Unser Leben besteht zu einem großen Teil darin, den Erwartungen unseres geplanten Alltags gerecht zu werden. Gelingt uns dies über einen größeren Zeitraum, so schleicht sich unbemerkt jenes vermeintliche Sicherheitsgefühl ein, das uns vorgauckelt, alles im Griff zu haben. Unerwartete äußere oder innere unangenehme Ereignisse allerdings können diese aufgebaute Illusion ganz plötzlich erheblich in Frage stellen. Die auftretenden Situationen verhindern den geplanten Tagesablauf, belasten unsere Psyche und stören somit die innere Ordnung.

Dieses Innere, das ohne Zweifel als hochkomplexes Messinstrument unsere psychischen Vorgänge steuert, reagiert denn auch sensibel auf jede Art von festgestelltem Ungleichgewicht. Wenngleich wir Menschen äußerlich sehr verschieden sind, heißt das nicht, dass wir auch grundsätzlich unterschiedlich reagieren. So mag es für einen Laien kein Problem sein, den Mann von der Frau zu unterscheiden. Je tiefer wir allerdings in den Menschen hineinschauen, desto schwieriger wird es für den Laien, Ähnlichkeiten festzustellen. Allein der Vergleich zweier Röntgenbilder macht es fast unmöglich, eine männliche Niere von einer weiblichen eindeutig zu unterscheiden.

Im Ansatz gilt dieses Beispiel auch für die Psyche, welche im menschlichen Organismus über eine jeweils ähnliche Struktur verfügt. Wir fahren also, um ein Bild zu verwenden, zwar alle verschiedene Autos, jedoch mit ähnlichen Knöpfen und Funktionen. Wir unterscheiden uns lediglich darin, inwiefern wir in der

Lage sind, diese zu kennen und mit ihnen umzugehen, um dadurch den eigenen Fahrstil zu beeinflussen.

Die Kenntnis einiger dieser grundlegenden Knöpfe und Funktionen sowie deren Auslöser in unserem psychischen Getriebe können durchaus hilfreich sein, Situationen im täglichen Umgang mit uns selbst rascher zu durchschauen, um bewusster reagieren zu können.

Immer da, wo die Harmonie durch äußere Reize und Umstände gestört wird, reagiert in erster Linie unser willkürliches Nervensystem als Verbindungsglied zu unserem Bewusstsein. Die Reaktion dieses angesprochenen Alarmsystems empfinden wir als Stress.

Der Stress

Vom wissenschaftlichen Standpunkt aus, unterscheidet die Forschung zwischen positivem und negativem Stress. Sehen wir uns mit einer schwierigen Anforderung konfrontiert, der wir uns gewachsen fühlen, erleben wir Stress als hilfreich und stimulierend im Bewältigen der Aufgabe (Eustress). Umgekehrt kann es uns in helle Aufruhr versetzen, einer Situation zu begegnen, die wir als Überforderung einstufen. In diesem Falle empfinden wir Stress als äußerst negativ (Disstress). Auf die Frage: »Wie geht es Dir«, folgt meist postwendend: »Danke gut, aber etwas im Stress«. Dieser Ausspruch stellt meist als Code der Identifikation unsere soziale Zugehörigkeit unter Beweis. Unsere auf Höchstleistungen getrimmte Gesellschaft bezahlt allein in Deutschland und der Schweiz ca. 60 Milliarden Franken an Krankheitskosten, welche direkt oder indirekt mit Stress in Verbindung stehen. Die Problematik von direkt Betroffenen kann oft mit jener des Alkoholikers verglichen werden, der die Symptome aktiv verdrängt, nicht wahrhaben will und sie, wenn überhaupt, als letzter erkennt.

Aus dem ganzheitlich-medizinischen Ansatz treten stressähnliche Situationen immer da auf, wo das willkürliche Nervensystem nicht im Einklang mit jenem des vegetativen steht. Das letztere, primär in der Funktion als Organsteuerungs- und Kontrollmechanismus, sicherte unseren Urahnen das Überleben, schärfte ihre Sinne und ließ sie zeitgerecht und schnell reagieren. Heute werden wir zwar nicht mehr mitten in der Nacht von wilden Tieren angegriffen, und auch um unser Revier müssen wir nicht mehr kämpfen. Dennoch ist diese Eigenschaft auch heute lebenswichtig: Sie mobilisiert unsere Kraftreserven und erhöht die Aufmerksamkeit in schwierigen Situationen.

Die Psychologie ihrerseits weiß, dass die Wahrnehmung ausschließlich durch das eigene Nervensystem geprägt wird. Somit ist es immer der Reifegrad unseres Bewusstseins, der darüber entscheidet, ob eine Situation sich als Stressmoment manifestiert oder nicht. Die innere Struktur der Psyche kümmert sich über das Gesetz der Resonanz um inhaltlich wiederholende Phänomene, welche schließlich über körperliche oder psychische Anzeichen den Stress sichtbar werden lassen.

Wenn das Ringen um psychisches Wachstum tatsächlich dem Menschen als primäre Aufgabe gegeben ist, gilt es, gerade diese immer wiederkehrenden Situationen in ihrer Komplexität zu erkennen, um ihnen konstruktiv entgegentreten zu können.

Dabei darf nicht vergessen werden, dass das Wort Stress im etymologischen Sprachgebrauch auf dem Ausdruck »distringere« basiert, was soviel wie »beanspruchen« und »einengen« bedeutet. Das Wort Enge wiederum weist uns über das lateinische «Angustus» den Weg zum Begriff der Angst. Diese Wortverbindung zeigt auf, dass Angst und Stress wenn nicht identisch sind, doch zumindest eine enge Verbindung pflegen. Psychische Überforderungen schränken uns zwar ein, dienen aber gleichzeitig auch als Möglichkeit, am persönlichen Entwicklungsprozess bewusst mitzuwirken.

Seine Symptome

Die Chronobiologie befasst sich mit der Untersuchung natürlicher Rhythmen. Entsprechende Studien unterstützen die energetischen Gesetze, wonach der Körper nur dann optimal funktionsfähig ist, wenn dieser sich mit seiner inneren Uhr im Einklang befindet. Diese Instanz nimmt maßgeblichen Einfluss auf Kreislauf, Leistungsfähigkeit und Schmerzempfinden. Dafür verantwortlich ist ein kleiner Teil unseres Hirns über dem Sehnerv, welcher permanent Signale aussendet und dadurch bewirkt, dass die Zirbeldrüse das Hormon Melatonin ausschüttet. Schlafmangel, wenig Licht, unregelmäßiges Essen und anstrengende Arbeiten über einen längeren Zeitraum bringen nun diese Feinmechanik aus dem Gleichgewicht und führen zur Störung des biologischen Rhythmus.

Der für die Psyche außergewöhnliche Zustand wird unserem Körper praktisch als Normalität tagtäglich zugemutet. Eine permanente Überbelastung erhöht jedoch mit der Zeit das Infarktrisiko, führt zur Schwächung des Immunsystems und somatisiert sich zum Beispiel in Schlafstörungen und Rücken- resp. Kopfschmerzen als bekannteste Symptome. Rund 70% der Führungskräfte in der Schweiz leiden heute, laut einer Studie des International Institute of Management, an den geschilderten Schmerzen. Zusätzlich lernt ungefähr jeder fünfte Manager im Laufe seines beruflichen Lebens das sogenannte »Burn-out-Syndrom« kennen. Immer wieder ist festzustellen, dass sich die Betroffenen durch raffinierte Verdrängungsmechanismen wie Suchtverhalten, Überaktivität oder übersteigerte Fokussierung eines Lebensthemas den sich häufenden Symptomen zu entziehen versuchen.

Die einen ziehen sich beim Auftreten solcher Umstände zurück, richten die Energie nach innen und lassen depressive Züge erkennen. Sie schränken die Kontakte nach Außen ein, verweigern jegliche Hilfestellung und verschließen sich so einem freiwilligen Lernprozess. Andere wiederum treten die Flucht nach vorne an, um sich über eine übersteigerte Aggression durch Worte oder Handlungen im Außen Luft zu verschaffen.

Den Stress rein auf ein zeitliches Übel zu verlagern, würde der Sache nicht gerecht werden. Es wäre zu einfach, die entstehenden Unannehmlichkeiten dem Faktor Zeit als Schuldprojektion in die Schuhe zu schieben. Der Ausspruch »ich habe keine Zeit« müsste in seiner Konsequenz mit den Worten »ich kann mit der Zeit nicht umgehen« ersetzt werden. Da bleibt auch die Effizienz der Zeitmanagement-Seminare mindestens in Frage gestellt, welche uns anleiten, unsere Zeit noch optimaler einzuteilen, um dadurch effizienter eine konstante Leistung zu erbringen, statt über eine gezielte Planung mehr freie Kapazität und persönlichen Spielraum zu schaffen.

Tatsächlich gebrauchen wir das Wort Stress immer wieder im Zusammenhang mit der Zeit. So spricht man auch von sogenannt positivem Stress und meint damit den notwendigen Druck, den Menschen benötigen, um eine entsprechende Leistung zu vollbringen. In unserer Umgangssprache verwechseln wir das »Geschäftig« sein oft mit Stress, doch unterscheiden sich die beiden Faktoren grundlegend voneinander, wie das nachfolgende Beispiel aufzeigen möchte.

Eine Kassierin im Supermarkt, welche mit dem Kassensystem vertraut ist, sieht sich an einem Samstagmorgen mit gleichzeitig acht Kunden einem großen Arbeitsvolumen ausgesetzt, ohne dabei zwingend im Stress zu sein. Ihre Kollegin gegenüber allerdings, welche sich mit dem Kassensystem nicht vertraut fühlt, empfindet bereits bei einer Kundin die Überforderung, und nimmt diese Situation als Stress wahr.

Stress kann also nicht einfach durch ein überproportioniertes Arbeitsvolumen definiert werden, sondern gründet in seinem Wesen darin, dass eine Überforderung an eine vorliegende Situation gegeben ist.

Die möglichen Ursachen

Jeder Mensch wird mit seinen Lebensaufgaben und dem entsprechenden Charakter geboren, der durch die Umstände und Einflüsse seiner Erziehung im sozialen Umfeld gehemmt oder gefördert wird.

Ein neugeborener Mensch benötigt zu seinem Überleben zwingend Zuneigung und Liebe, in welcher Form sich diese auch manifestiert. Es gilt als eines der Urbedürfnisse, die uns ein ganzes Leben begleiten.

So haben wir als kleines Kind bereits gelernt, dass über das eigene Verhalten im Gegenüber gute oder schlechte Reaktionen erzeugt wird. Dem Bedürfnis nach Anerkennung folgend, richten sich mit der Zeit unsere Handlungsmuster nach den positiven Rückmeldungen unserer Umwelt. Die definierte Werthaltung der Eltern entschied dabei in den meisten Fällen über Lob oder Tadel.

Die humanistische Psychologie, allen voran die Transaktionsanalyse, hat dieses Phänomen untersucht und spricht dabei im Wesentlichen von fünf Anforderungen, die uns als Kinder motivierten, um äußeren Erwartungen gerecht zu werden. Es sind dies die unausgesprochenen Aufforderungen wie:

- Streng Dich an
- Beeile Dich
- Sei perfekt
- Mach's allen recht
- Sei stark

Diese sogenannten Antreiber prägten uns als Kinder und begleiten uns meist unbewusst bis ins Erwachsenenalter hinein. Viele unserer Aktionen aber auch Reaktionen beeinflussen das künftige Verhalten aufgrund unserer erzieherischen Normen.

Wenn wir im Alltag mit einer Situation konfrontiert werden, die mit unseren gewohnten Verhaltensmustern nicht zu lösen ist, kann dies schnell zu einer Überforderung und Stress führen.

Je schwächer unser Selbstwertgefühl entwickelt ist, desto abhängiger werden wir von den Reaktionen der Außenwelt. In dieser kompensatorischen Haltung wird

Anerkennung

zu einem möglichen Stressfaktor. Je wichtiger es ist, was die anderen von mir denken, desto mehr wird die Neigung erfolgen, das Verhalten nach den Vorstellungen der Außenwelt zu gestalten. Die Gefahr liegt dabei nahe, nicht nur sich selber nicht mehr gerecht zu werden, sondern durch »fremdbestimmte« Handlungen sich zu verleugnen. Wie weit jemand dazu bereit ist, hängt vom Grad seiner Sehnsucht nach Bestätigung ab.

Ein besonderes Augenmerk liegt dabei beim Einfluss von Autoritätspersonen wie Eltern, Lehrer etc. Vorbildern dieser Art, wenn sie denn welche sind, gilt es mit viel Respekt und Würde zu begegnen, doch liegt ihre Aufgabe ausschließlich darin, als Wegweiser zu dienen. Da wo der Einfluss fremder Menschen das eigene Leben überschattet, entsteht eine erneute Abhängigkeit, welche die eigene psychische Entwicklung verhindern kann, wie das nachfolgende Beispiel eindrücklich aufzeigt:

Ein 42-jähriger Mann erzählt im Seminar vom gelungenen Ablösungsprozess gegenüber seinem übermächtigen Vater. Seit Jahren wurden ihm als Sohn die wichtigen Entscheidungen aus väterlicher Fürsorge abgenommen. Dieser Abhängigkeit habe er sich seit dem 40. Lebensjahr nun definitiv entzogen. Auf die Frage wie das geschehen sei, antwortete der Mann. »Wann immer in meinem Leben ein Entschluss ansteht, überlege ich mir, was würde wohl der Vater raten – dann entscheide ich mich für das Gegenteil«!

Die Denkhaltung des Sohnes hat sich gegenüber dem Vater lediglich in eine polare Trotzhaltung verwandelt. Er ist somit weiterhin unfrei und hindert sich dadurch selber am Erwachsenwerden.

Der Anspruch, es allen recht machen zu wollen, entspringt neben dem Bedürnis nach Liebe und Anerkennung auch irgendwo dem Größenwahn und wurzelt schließlich, wie beim praktischen Beispiel, in der Wahrnehmung der eigenen Minderwertigkeit.

Gelingt es nicht, sich durch bewusste Prozesse von dieser Sehnsucht zu befreien, werden kompensatorische Verhaltensweisen geschaffen.

**Anerkennung,
über die emotionale Ebene kompensiert,**

führt aufgrund mangelnder Eigenliebe in emotionale Abhängigkeiten. Man riskiert dabei nicht nur sich selber untreu zu werden, sondern sich auch an die Anforderungen in der Außenwelt zu verlieren.

**Anerkennung,
über die materielle Ebene kompensiert,**

bietet die Möglichkeit sich im Statusfieber der Leistungsgesellschaft zu profilieren. Durch manch einen Titel auf der Visitenkarte lockt die Gefahr, Position und Person zu verwechseln und somit neurotischen Zügen zu erliegen. Aber auch die prestigeträchtige Konsumhaltung bietet genügend Gelegenheiten, sich über Statussymbole und Markenartikel wie Autos oder Kleidung zu profilieren, um im Außen entsprechend sichtbare Akzente zu setzen.

Ebenso bietet sich die Möglichkeit, innerhalb der Ebenen zu

kompensieren. Während das weibliche Geschlecht bei emotionaler Unzufriedenheit gerne Frustkäufen erliegt, sucht das männliche bei ebensolchem Frust sein Heil auf der Straße im Ausreizen der »Pferdestärken«.
Die unausgewogene Suche nach Bestätigung zieht allerdings im psychischen Bereich weitere Kreise. Um die gewünschte Anerkennung zu erhalten bedingt dies das Erfüllen von entsprechenden

Erwartungen

Diese Forderung bringt die Psyche unter Druck und äußerst sich in Form von ersten Stresssymptomen. Erst wenn die fremden Erwartungshaltungen erfüllt werden, fühlt man sich in seinem Wesen bestärkt. Andererseits bedingt es, bei Enttäuschungen zuerst die persönliche Erwartungshaltung zu hinterfragen. Diese Augenblicke zwingen uns, eigene Vorstellungen auf ihre Realitätsbezogenheit zu hinterfragen.

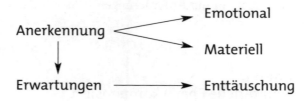

Je näher wir einem Menschen sind, desto größer sind in der Regel auch die Erwartungen an ihn, was wiederum das Risiko erhöht, gerade durch ihn enttäuscht zu werden. Die Folgerung daraus darf aber nicht sein, die Erwartungshaltungen in unserem Leben zu negieren. Vielmehr soll die Erkenntnis dieses Mechanismus die bewusste Auseinandersetzung mit unserem Verständnis und den eigenen Vorstellungen in ein objektiveres Licht rücken.
Die Erwartungshaltung prägt das Verständnis unseres Lebens.

Der Morgen beginnt mit geplanten Terminen, getroffenen Vereinbarungen und guten Vorsätzen. In vielen Fällen darf am Abend zufrieden festgestellt werden, dass der Tag den Erwartungen entsprechend verlief. Doch da gibt es auch jene Menschen, welche ihre Ansprüche permanent über die Realität stellen, es Ehrgeiz nennen und sich dabei durch die verursachten Enttäuschungen selber kasteien. Andere wiederum sichern sich durch überdimensionierte Erwartungshaltungen ab, um wie im nachfolgenden Fall, keine Nähe zulassen zu müssen:

Eine 32-jährige hübsche Frau klagt bei ihrem Therapeuten, dass die Welt der Männer für sie ein Buch mit 7 Siegeln sei. Die sich anbahnenden Freundschaften dauerten in der Regel nur wenige Wochen und noch immer sei es ihr nicht gelungen, eine solide Partnerschaft aufzubauen. Auf die Frage nach dem Anforderungsprofil des Gesuchten schreibt die Frau sichtlich begeistert zwei A4-Seiten voll – mit den geforderten Kriterien. Den Schlusssatz ... und dass er mir die Sterne vom Himmel holt ... unterstreicht sie doppelt!

Auf dem Weg ausschließlich äußere Anerkennung zu suchen, stolpern wir über die Erwartungen unserer Umwelt, verstricken uns in eigene ungerechtfertigte Projektionsflächen und werden über die

Angst

mit dem realen Reifegrad unseres Bewusstseins konfrontiert. Die Angst, nicht zu genügen, ist jenes Phänomen, das den Stress erst ermöglicht und ist eng an all die vorangehenden Eigenschaften gekoppelt. Diese Tatsache wird deutlich, wenn wir den Ausgangspunkt unserer Ängste betrachten, der primär in der Haltung zu unseren Wünschen und Hoffnungen zu suchen ist. Je mehr ich mir wünsche und innig hoffe, dass zum Beispiel die neue Beziehung gelingen wird, desto mehr nährt dieser Gedankengang die Angst, es nicht zu schaffen. Überall dort wo maßlose Wünsche und Hoffnungen angestrebt werden, erwächst gleichsam die potentielle Möglichkeit des Scheiterns. Wann immer Angst sich ausbreitet, wachsen zwei Gefahren mit.

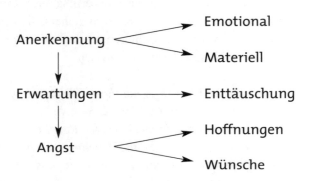

Angst stärkt das Gegenüber

Eine Schulklasse wandert gemütlich in der Nähe eines Bauernhofes vorbei. Ein Hund bellt. Rosmarie, die Hunde nicht mag und sich vor ihnen fürchtet, drängt auf ein schnelles Vorübergehen. Zu spät – der Hund reißt sich von der Leine los und rast zielstrebig durch die Schulklasse und beißt sich unter lautem Geschrei am Knöchel von Rosmarie fest.

Die Biologie weiß, dass der Mensch ein Duftfeld hat, das sich je nach Situation verändert. Der Hund hat sich anhand seines Spürsinnes auf Rosmarie gestürzt. Motiviert hat ihn jedoch nicht ihre Angst, sondern der Instinkt, der ihn spüren ließ, dass er hier der Stärkere ist. Eine Tatsache, wie wir es im mentalen Bereich der Sportwelt oft erleben, kommt also auch hier zum Tragen. Unsere Ängste verleihen dem Gegenüber zusätzliche Kraft.

Angst wirkt anziehend

Eine panische Angst vor Spinnen lässt Frau Bärtschi das Waschen im Keller zur Qual werden. Sie ist gerade im Begriff, die Maschine zu füllen, da nimmt sie die harmlose Spinne in der Ecke des Lüftungsfensters wahr, das sich auf der gegenüberliegenden Seite des Trockners befindet. Ein gellender Schrei hallt durchs Haus, Notruf für ihren Mann im zweiten Stock.

Diese Ängste haben die Eigenschaft, unser Energiefeld zu nähren und wie Magnete in unserem Leben zu wirken. Je größer die Angst beraubt zu werden, desto auffälliger das Benehmen und somit das Aussenden der Signale für entsprechende Täter. Wird man dann tatsächlich bestohlen, erkennt man eine absolute Berechtigung dieser Angst. Das Anreichern von Situationen wie »was wäre wenn« und »hoffentlich nicht« – erzeugt über unsere Emotionen ein Schwingungsfeld welches Resonanzen aussendet und dadurch den entsprechenden Alltag kreiert. So holen uns viele Dinge immer wieder ein, die wir zu vermeiden hofften.

Wer kennt nicht diese Begebenheiten im Straßenverkehr, wenn man möglichst rasch einen Termin wahrnehmen muss, und sich plötzlich überdurchschnittlich vielen roten Ampeln und schleichenden landwirtschaftlichen Fahrzeugen gegenüber sieht!

Das abschließende Beispiel veranschaulicht das Zusammenspiel von Erwartungen, Angst sowie Hoffnung und Wunsch im Alltag:

Einem vierfachen Familienvater, seit 3 Jahren arbeitslos wird eine Arbeit in Aussicht gestellt. Einzige Bedingung ist das Erwerben der zusätzlichen Halterpapiere für kleine Lastwagen. Seine Erwartungen, unterstützt durch die Hoffnung und den Wunsch eine Anstellung zu erhalten, verhalten sich proportional zu seinen Ängsten. Er wird diese Aufgabe unter einem hohen Druck, wenn nicht sogar Stress, lösen müssen. – Parallel dazu wird einem jungen verwöhnten Millionärssohn dieselbe Arbeit unter denselben Konditionen in Aussicht gestellt. Da seine Erwartun-

gen, Wünsche und Hoffnungen sich in Grenzen halten, wird die Angst respektive der Druck am Prüfungstag minimal bleiben.

Den Kern stressauslösender Momente bildet also in den meisten Fällen unser mangelndes Selbstwertgefühl, das wir durch reaktives Handeln über das beschriebene »Anerkennungsmodell« zu kompensieren versuchen. Jede Situation, die den Grad unseres Bewusstseins übersteigt, verursacht die innere Disharmonie und verunsichert das Verhalten.

Entsprechend bleibt uns nur das Reagieren, das darauf ausgerichtet ist, eventuellen Schaden in Grenzen zu halten und möglichst rasch das innere Gleichgewicht wieder herzustellen.

Sensibilisierung des Bewusstseins

»Kleine Dinge beeinflussen kleine Geister«, so sieht sich der unbewusste und unsichere Mensch einer größeren Anfälligkeit täglich lauernder Stressphänomene gegenüber. Ein nicht gewährter Vortritt im Straßenverkehr, das fehlende Bier im Kühlschrank oder das lärmende Kind im Zimmer reichen bereits aus, um entsprechende Symptome zum Leben zu erwecken.

Wenn es möglich wird, stressauslösende Situationen frühzeitig und wertfrei zu durchschauen, wird uns nicht nur eine innere Gelassenheit zuteil, sondern wir werden konkreter zum Gestalter unseres eigenen Lebens.

Eine positive Reaktion dessen, was wir als Stress erleben, bedingt eine permanente Arbeit am eigenen *Bewusstsein*. Das bedeutet einerseits die Bereitschaft, sich einer kritischen Selbstbetrachtung zu unterziehen und andererseits über achtsames Handeln das eigene Verhalten zu reflektieren. Die nachfolgenden Phänomene, durch praktische Beispiele ergänzt, unterstützen diesen Lernprozess.

Verantwortung übernehmen

Wann immer irgendwo ein Fehler geschieht, neigen die betroffenen Menschen schnell dazu, einen Schuldigen dafür auszumachen. Dieser Mechanismus will vom eigenen Verhalten ablenken oder die eigene Unschuld beteuern. Wo immer solche unangenehme Situationen entstehen, ein Bezug gegenüber den Direktbetroffenen besteht trotzdem. Der entsprechende Mensch wäre sonst nicht an diesem Ort, zu dieser Zeit, mit diesem Geschehen konfrontiert worden:

Ein Mann überquert den Zebrastreifen und wird dabei von einem Kleinlastwagen erfasst und zu Boden geschleudert. Er erleidet einen Oberschenkelhalsbruch. Für den Fußgänger ist noch am Unfallort klar, der Fahrer ist schuld. Er beschimpft ihn und droht mit Konsequenzen. Doch gleichzeitig fällt dem Verunglückten ein, dass dieser Unfall unmittelbar mit der vorhergehenden Arbeitssitzung in Zusammenhang steht – hätte der Chef diese nicht zeitlich überzogen, wäre es ihm möglich gewesen die Straße früher zu überqueren und das Fahrzeug hätte ihn nicht umgefahren. Also trägt der Vorgesetzte die Schuld. Aber warum hat dieser die Besprechung verlängert? Weil ein Teilnehmer zu spät gekommen war. Also trägt der die Schuld. Dieser aber entschuldigte sich und machte als Entschuldigung geltend, dass seine Frau ihn nicht geweckt habe. Also ist eigentlich die Ehefrau schuld. Aber warum hat sie verschlafen? Der Grund liegt darin, dass der gestrige Besuch einfach so lange sitzen blieb. Somit wäre also der Besuch schuld. Doch warum kam es überhaupt zu dieser Einladung. Die Schwiegermutter meinte, gute Freunde soll man regelmäßig treffen ... am Schluss wird klar, die Schuld für den Oberschenkelhalsbruch liegt eigentlich bei den eigenen Eltern. Hätten sie damals dieses Kind nicht gezeugt, wäre der Unfall nicht passiert ...

Man kann davon ausgehen, dass die Handlung des Fahrers nicht absichtlich geschah und er auch entsprechende gesetzliche Konsequenzen zu tragen hat. Wenn nun aber das Opfer behauptet, dieser Geschehen hätte mit ihm nicht das geringste zu tun, müsste man ihn eigentlich auffordern, aufzustehen und weiterzugehen. Im Gegensatz zum »Täter« sind seine Konsequenzen lediglich anders gewichtet. Für den verletzten Mann heißt die Zukunft konkret Krankenhaus, Operation, Rehabilitation und somit vorübergehende Veränderung seiner Lebensgewohnheiten. Zweifellos wird diese im Außen veränderte Form nicht spurlos an seinem psychischen Innenleben vorbeigehen.

Das Gegenteil von Schuldzuweisung heißt Verantwortung zu übernehmen, um sich aktiv dem Leben und der zugefügten Lernaufgabe zu stellen. Durch das Annehmen der Situation bietet sich die Möglichkeit, die Energien auf den Heilungsprozess zu fokussieren und verhindert so das destruktive Verharren im Gewirr des »Wenn und Aber.«

Das eigene Spiegelbild erkennen

Immer wieder sind es die Reaktionen der Außenwelt, welche emotionale Unstimmigkeiten hervorrufen. Da gelingt es jemandem, uns zu verärgern, dort lassen wir uns zu verbalen Ausrutschern hinreißen und schließlich kommt es gar zu handgreiflichen Taten. Solche Situationen sind oft Ausdruck und Ventil einer Reihe vorangegangener unglücklicher Umstände, stellen aber ein großes Stresspotential dar, das schließlich nichts anderes als die eigene innere Haltung widerspiegelt.

Ein Kellner serviert am frühen Morgen in einem Flughafenrestaurant einem Gast Kaffee und ein Brötchen. Der auf seinen verspäteten Abflug wartende Passagier mit unhandlichem Gepäck bemängelt sofort die Temperatur des Getränkes und die Qualität des Gebäcks. Lautstark macht er seinem Ärger Luft. Der Servicemitarbeiter, langjährig auf Freundlichkeit getrimmt, nimmt die Reklamationen äußerlich gelassen zur Kenntnis. Anstand, Angst vor dem Vorgesetzten und die Freude am Arbeitsplatz hindern ihn daran, dem aufgestauten Ärger Luft zu machen. Während das Adrenalin sich pochend bemerkbar macht, findet der Gast zusätzliche Mängel und lässt sich gar zu einer persönlichen Beleidigung hinreißen. Eine Stunde später findet der Kellner in der Küche endlich die Gelegenheit, seinem Ärger lauthals Luft zu machen. Er lässt keine Gelegenheit aus, die Begebenheit mit seiner Umwelt zu teilen, um sich dabei jedes Mal wiederum in der erduldeten Stimmung vorzufinden. Beim Mittagessen wird es bei den Arbeitskollegen thematisiert, in der Zimmerstunde bei Freunden und am Abend wird selbst die Ehefrau mit einer emotional unzensierten Fassung konfrontiert.

Der Gast seinerseits bestieg nach dem Besuch des Restaurants sein Flugzeug nach New York, absolvierte bis zum frühen Abend einen Sitzungsmarathon und könnte sich wahrscheinlich nicht einmal mehr daran erinnern, in welchem Restaurant er am Morgen den Kaffee zu sich nahm.

An diesem Beispiel wird deutlich, dass hier natürlich primär ein Problem des Mitarbeiters und nicht des Gastes vorliegt. Dessen Verhalten führte zu einer emotionalen Disharmonie des Kellners, welche sein Handeln während des Tages zu prägen vermochte. Mehr noch, er gab diesem Menschen die Macht, die es möglich machte, die eigene Innenwelt zu destabilisieren, wo es doch darum gehen sollte, Herr im eigenen Hause zu sein. Dies alles, wohl gemerkt ohne Wissen des Betroffenen! Häufen sich solche Situationen während eines Tages, liegt die Vermutung nahe, dass dieser Mensch permanent, einer Flipperkugel ähnlich, emotional hin und her geschleudert wird. Es ist unser Gemütszustand der über Gefühls- und Gedankenwelt gesteuert unsere Reaktionen auslöst.

Dabei ist erwähnenswert, dass wir durch eine differenzierte Betrachtung der eigenen Welt feststellen, dass wir selbst es sind, die darüber entscheiden, ob wir eine Begegnung als Konflikt und

Stresssituation mit einem anderen Menschen erleben und austragen oder nicht.

Zwischenmenschliche Konflikte generell folgen in ihrer Entstehung einem einheitlichen Muster. Im Vorfeld fühlt sich mindestens eine Person in ihrer Wertschätzung entweder nicht ernst genommen oder in Frage gestellt. Dieser Umstand führt zur anschließenden Auseinandersetzung mit dem Gegenüber. Ein Blick in den eigenen Erfahrungsschatz mag genügen, diesen Gedankengang auf seine Tauglichkeit hin zu überprüfen. Wie die nachstehende Darstellung zeigt, steht erneut das Thema der Anerkennung als ursprünglicher Stressfaktor im Mittelpunkt.

Ich werde in Frage gestellt
Man nimmt mich nicht ernst
|
dies steigert die Angst,
nicht zu genügen
|
und vermindert die Möglichkeit
Anerkennung zu kriegen
|
das macht mich wütend
oder unterwürfig
|
folglich suche ich einen Schuldigen
oder fühle mich selbst als Opfer
↓
ich verhalte mich entweder passiv
oder werde aggressiv

Je mehr ein Mensch seine Persönlichkeit überbewertet, desto größer wird das Risiko in Konflikte verwickelt zu werden.

Das Leben führt uns über manch seltsamen Irrweg immer wieder mit Menschen zusammen, die uns völlig unsympathisch erscheinen. Hierbei ist es hilfreich, sich der Möglichkeit bewusst sein, dass gefällte Werturteile auch als Spiegelbild der eigenen Persönlichkeit verstanden werden können. Den andern zu sehen wie er ist, setzt immer auch das Reflektieren der eigenen Persönlichkeit voraus und so mag es kein Zufall sein, dass jene Menschen, welche uns besonders Nahe stehen, zwar über einen höhere Toleranzschwelle verfügen, uns aber mitunter auch in den eigenen Fehlern bestärken können.

Wenn wir die eigenen Stärken nutzen und die Fehler als das erkannt haben was sie sind, nämlich das, was uns fehlt, sind wir in der Lage, diese auf dem Weg zu unserer Entwicklung umzusetzen.

Abschied von Schuld und Reue

Ausgeprägte Schuld und Reuegefühle nähren unser Bewusstsein auf destruktive Weise. Sie verhindern durch das Verharren in der Situation den Entwicklungsschritt. Wenn von Schuld oder Reue gesprochen wird, bezieht sich diese in den meisten Fällen auf eine Situation aus der Vergangenheit.

Diese wirkt vielfach als süßes Gift nostalgischer Gefühle und trübt den Blick der Gegenwart. Manchmal ist es auch einfacher zu bereuen, als aktiv zu werden und etwas zu verändern. Immer wieder kann man beobachten, dass sich Menschen in diese Art von Gefühl verlieben, um sich so dem Heute und der entsprechenden Verantwortung zu entziehen. Die Vorstellung, dass man im Nachhinein tatsächlich etwas hätte bewirken können, stellt sich in vielen Situationen auch als Anmaßung und Auflehnung gegenüber sich selbst und dem Schicksal heraus. Das Nichtannehmen der Vergangenheit kann auf der Bühne unserer Psyche zu Dramen mit breitem Wirkungskreis führen, wie das folgende Beispiel aufzeigt:

Eine 35-jährige Frau sitzt am Bett ihres sterbenden Vaters. Der nahende Tod bewegt ihn, Bedrückendes zu klären. Er bittet seine Tochter für Versäumtes um Verzeihung, um in Ruhe sterben zu können. Er fragt nach einem Kuss der Versöhnung, den sie ihm jedoch versagt. Einige Stunden später ist ihr Vater tot.

Diese Situation führte dazu, dass die Frau, über Jahre hinweg von Schuld und Reuegefühlen geplagt, erst nach vielen Stunden der Therapie zu ihrem eigenen Leben zurückgefunden hat. Dort hat die Frau erfahren, dass die einzige Möglichkeit bewusst etwas zu verändern im JETZT besteht. Daher verlangt auch der Moment als qualitativer Zeitfaktor unsere höchste Aufmerksamkeit. Leben findet immer JETZT statt.

Die verdrängte Vergangenheit holt uns irgendwann wieder ein. Unerwartet kann sie jederzeit durch Unscheinbares ausgelöst in unser Leben eindringen oder durch Familienbande einer nächsten Generation weiter gegeben werden. Das Aussöhnen über bewusst gelenkte Prozesse, wie zum Beispiel durch Rituale, bieten eine Gelegenheit, mit sich und der Welt inneren Frieden zu schließen.

Mut zur »Programmänderung«

Unsere Tage sind meistens durch Vorstellungen und entsprechende Erwartungen geprägt. So geschieht es immer wieder, dass dieses Programm durch irgendwelche Ereignisse gestört wird und somit Ärger oder Missmut auslöst. Die Motivation für diese Gefühle kann sich in der Angst widerspiegeln, sich in der neuen Situation nicht zurechtzufinden oder ganz einfach im Egoismus auf etwas verzichten zu müssen. Auch hier findet sich üblicherweise ein Schuldiger, der als Projektionsfläche zur Verantwortung gezogen wird:

Hugo Froschheim ist fanatischer Fußballfan. Heute Abend steht das Einlösen eines Versprechens an, das er seiner Frau vor einigen Tagen gegeben hat. »Candle light Dinner« mit anschließendem Kinobesuch. Er freut sich auf den romantischen Abend und wird von seinen Arbeitskollegen entsprechend neckisch verabschiedet. Beim Eintritt in die Wohnung vernimmt Froschheim als erstes die Stimme seiner Schwiegermutter. Natürlich wird der unerwartete Besuch zum Essen bleiben. Dinner und Tickets ade, der Abend wird durch trautes Familienleben bestimmt. Die schlechte Stimmung zieht sich in den nächsten Tag, die Gedanken an die Schwiegermutter sind wenig erbaulich.

Gleiche Situation andere Ausgangslage. Gerade verabschiedet sich Froschheim von seinen Arbeitskollegen mit Kinokarten in der Tasche zum erwähnten Candle light Dinner. Da erinnert ihn ein Mitarbeiter an das heute Abend stattfindende Ausscheidungsspiel für die Champions League. Froschheim zuckt, das hatte er völlig vergessen. Verärgert über die eigene Nachlässigkeit betritt er die Wohnung und vernimmt die Stimme seiner Schwiegermutter. Hocherfreut nimmt er diese in den Arm und ermuntert sie, zum Abendessen zu bleiben. Mit der Begründung die angeregte Diskussion der beiden Damen nicht zu stören, zog er sich anschließend in den Fernsehsessel zurück!

An diesem Beispiel wird deutlich, dass die Verärgerung oder Freude über die Schwiegermutter lediglich als Auslöser in Zusammenhang gebracht werden kann. Der Blickwinkel unserer Erwartungsbrille entscheidet auch hier über die Werthaltung der Situation. Nicht immer laufen Ereignisse nach unseren Wünschen ab. Es spricht für ein waches Bewusstsein sich durch Flexibilität auf das Neue einzustellen, wenn äußere Einflüsse den geplanten Vorgang verhindern. Kleine bewusste Übungen im Alltag zum Beispiel durch Änderung von Gewohnheiten können dazu beitragen, den Blick zu öffnen und die entsprechende Haltung zu schulen.

Die nachstehenden Punkte beinhalten kurz zusammengefasst die wesentlichen Ansätze zur Stressbearbeitung bezüglich der Schulung des Bewusstseins im Alltag.

Das eigene Verhalten reflektieren

- Verzichten Sie auf Schuldzuweisungen. Diese stärken das Umfeld und verhindern das bewusste Übernehmen von Verantwortung.
- Akzeptieren Sie das Geschehene und achten Sie darauf, nicht der depressiven Kraft des Selbstmitleids zu erliegen.
- Durch negatives Reden über andere nähren Sie eigene Emotionen mit destruktiven Gedanken.
- Das Verdrängen von Konflikten holt sie über kurz oder lang wieder ein.
- Gehen Sie bei emotionalen Wirbeln immer in den aktuellen Moment. Das JETZT kann Ihnen nichts anhaben und hilft Ihnen erneut, Kräfte zu sammeln.
- Vermeiden Sie den bereuenden Blick zurück, dies ist in vielen Fällen die getarnte Legitimation, sich nicht nach vorne bewegen zu müssen.
- Ändern Sie die bisherigen Gewohnheiten im Alltag und strukturieren Sie ein neues rituelles Handeln. Setzen Sie Ziele und arbeiten Sie nach zeitlichen Rastern.

Der bewusste Umgang mit Stress führt aus dem Chaos in die Harmonie, welche wörtlich als »das ausgewogene Verhältnis aller sich bedingender Teile« definiert wird. Prophylaktische äußere Maßnahmen können diesen angestrebten Zustand begünstigen. Da Gleichgewicht immer auch die Kenntnis von Ordnung in ihrer Vielfalt und Symbolik mit einschließt, ist diesem Thema das nächste Kapitel gewidmet.

Gedanken zum Thema der Ordnung

> Seht ihr den Mond dort stehen
> Er ist nur halb zu sehen
> Und ist doch rund und schön.
> So sind wohl manche Sachen
> Die wir getrost belachen,
> weil uns're Augen sie nicht sehen.
>
> *Matthias Claudius*

Es war immer der Drang nach Freiheit, der den Menschen antrieb, sich den Gesetzen wirkender Kräfte zu entziehen. Doch im Gegensatz zu Regeln, welche bekanntlich Ausnahmen kennen, ist es trotz vieler Kämpfe noch keinem gelungen, sich über die herrschenden kosmischen Ordnungen zu stellen. Der Intellekt unserer modernen Wissenschaft glaubt zunächst, was er sieht und sieht am Ende, was er glaubt. Was nicht erklärbar ist, bleibt verborgen, nicht Beweisbares wird schlicht negiert.

Wie sind zum Beispiel nachstehende täglich stattfindende Ereignisse anders zu erklären als über Ordnung:

Unser gesamtes Planetensystem rast mit Höchstgeschwindigkeit durch das All und ganz selten gibt es einen Zusammenstoß. Verändert sich die Distanz der Sonne gegenüber der Erde auch nur geringfügig, verbrennt die Erde. Verschiebt sich die Achse des Mondes nur um einige wenige Grade, so kommt dies dem Beginn einer Eiszeit gleich. Verändert sich der Salzgehalt des Meeres um wenige Gramm je Kubikliter, so stirbt alles Leben und 70 % der Erdoberfläche ist ohne Leben … und doch halten unsichtbare Kräfte dieses Wunderwerk seit tausenden von Jahren in Bewegung.

Wir sind von der kleinsten Molekularstruktur bis hin zu den größten uns bekannten Sonnensystemen in eine einzige Ordnung eingegliedert, oder um es mit Pythagoras und vielen Konfessionen auszudrücken, unser Universum ist nach Maß und Zahl gegliedert und aufgebaut. Wir Menschen wiederum sind durch das Bewusstsein an die Ordnungen der materiellen Welt von Ursache und Wirkung gebunden.

Die klassische Physik, die wohl rationalste unserer Wissenschaften, umschreibt diese uns prägende Gesetzmäßigkeit mit folgenden Worten:

»Materie als formale Erscheinung gilt als Hauptbestandteil dessen, was wir als Wirklichkeit empfinden. Unser Bewusstsein kann somit als Produkt materieller Prozesse bezeichnet werden. Die Materie jedoch besteht aus Grundbausteinen, also Atomen, welche von sich aus passiv und tot sind, jedoch von einer äußeren Kraft in Bewegung gesetzt werden«.

Albert Einstein erbrachte als Entdecker der Relativitätstheorie den Beweis, dass die für uns sichtbare Materie letztlich nichts anderes darstellt, als eine Form von Energie, deren Schwingungsfrequenz so niedrig ist, dass sie von unserem Bewusstsein wahrgenommen und durch unsere Sinne erfasst werden kann. Das bedeutet, dass wir lediglich in der Lage sind, die uns sichtbare und materielle Welt in dem Maße zu erkennen, als das eigene Bewusstsein es uns erlaubt.

Über den wirkenden Kräften steht also eine Ursache, hinter den uns vertrauten Formen existiert ein Inhalt, der gleichsam als Geist oder Idee unseren Blicken verborgen bleibt. Diese Tatsache lässt den Schluss zu, dass die Welt der Formen zwingend eines übergeordneten Inhaltes bedarf, während der Inhalt als solches in sich selber ruht.

Betrachten wir ein Haus, so erkennen wir unschwer die Form als Materie wie die Mauern, das Dach oder das Grundstück. Damit dieses Gebäude jedoch entstehen konnte, war es notwendig, eine Idee, also einen Inhalt zu haben. Daraus kann man schließen, dass jede manifestierte, von uns wahrgenommene Materie den Ausdruck eines dahinterliegenden Inhaltes repräsentiert. Die Form ist somit immer die Wirkung eines Ursächlichen und steht in einer direkten Abhängigkeit. Der Inhalt an sich jedoch benötigt keine Form. Die Idee ein Haus zu bauen, bedingt nicht zwingend, diese auch in die Praxis umzusetzen. Aber jedem Wunsche einer baulichen Veränderung geht wiederum die Idee dazu voraus. Diese von der Physik erwähnten wirkenden Kräfte bilden das Fundament unserer sichtbaren Welt.

Wer sich im Multiplizieren schwer tut, lernt auch nicht die Zahlen als formalen Ausdruck auswendig, sondern sucht nach dem dahinterliegenden Gesetz, welches von der Abhängigkeit der Form befreit.

Im Alltag erkennen wir diese Logik zum Beispiel auch daran, dass wir uns über den Inhalt eines Filmes unterhalten und nicht über dessen Form, das heißt, durch die Auseinandersetzung mit dem Thema versuchen wir uns an die Idee des Regisseurs heranzutasten.

Was im Alltag anhand von praktischen Bildern so klar erscheint, weckt bei einer vertieften Sichtweise vor allem aus dem streng materialistischen Standpunkt seine Zweifel. Beauftragen wir einen Wissenschaftler, das Bild der Mona Lisa nach seinen Gesichtspunkten zu analysieren, so wird uns das Resultat erstaunen. Wir erhalten in Kürze eine detaillierte Aufstellung über die Beschaffenheit der Leinwand, die Kombinationen der verwendeten Farben, vielleicht eine Ortsbezeichnung des Baumes, welcher zum Rahmen des Bildes verarbeitet wurde und vieles mehr. Die Form kann ins Kleinste zurückverfolgt und analysiert werden, doch das dahinterliegende, die Idee Leonardo da Vinci's, bleibt dem Wissenschaftler in seiner Arbeit verborgen. Das Wesentliche, Ursächliche kann weder analysiert noch verändert werden, es wirkt in sich fort.

Durch das Erkennen und Durchschauen der äußeren Formen schaffen wir uns die Möglichkeiten, inhaltliches Wissen zu erahnen und Wesentliches von Unwesentlichem zu trennen.

Die Geschichte von Form und Inhalt

Ein Student übte sich fleißig in der Unterscheidung von Form und Inhalt. Gesättigt von allerlei kostbarem Lehrgut fühlte er sich glücklich und frei. Eines Tages traf er auf der Straße einen alten Freund, der ihm aufgrund seines unvorteilhaften Eindruckes riet, einen Arzt aufzusuchen. »Danke für den guten Rat, entgegnete der Student, aber ich habe Vertrauen in die höheren wirkenden Gesetze, mir kann nichts geschehen, solange ich achtsam mit der Welt umgehe«. Er verabschiedete sich und stieß bald darauf mit dem Pfarrer zusammen. Die Geschichte wiederholte sich und abermals schlug der Student den Ratschlag, einen Arzt aufzusuchen in den Wind. Als ihn auch seine Frau darauf aufmerksam machte, wurde er alsbald böse. Er legte sich schlafen und starb noch in dieser Nacht. An der Himmelspforte angekommen beschwerte er sich lauthals über seinen frühen Tod und berief sich auf seine erlernten Studien. Darauf nickte Gott bedächtig mit dem Kopf und sprach: Mein lieber Sohn, du hast doch gelernt, dass die Welt lediglich als Spiegel deiner selbst diente. Drei äußere Zeichen habe ich dir geschickt, Freund, Pfarrer und die eigene Frau. Aber wieviele Formen hättest du noch gebraucht um den Inhalt der Botschaft zu verstehen?
(Weisheit des Ostens)

Die Bedeutung der Gedanken

Achte auf Deine Gedanken,
denn sie werden Deine Taten –
Achte auf Deine Taten,
denn sie werden Deine Gewohnheiten –
Achte auf Deine Gewohnheiten,
denn sie bilden Deinen Charakter –
Achte auf Deinen Charakter,
denn er bildet Dein Schicksal!

Talmud

Die Tiefe und Konsequenz von Gesetzmäßigkeiten fordert uns immer wieder auf, unser Weltverständnis einer selbstkritischen Prüfung zu unterziehen.

Die Erkenntnis dieser ordnenden Kräfte zum Beispiel wirkt ein auf unsere Gedankenstruktur.

Unser Hirn wird mit Eindrücken gespeist, welche ausschließlich aus Energien bestehen. Wir verfügen einerseits über einen Sensor für äußere Informationen und senden gleichzeitig Schwingungen durch die eigene sichtbare Persönlichkeit aus.

Jede Art von Veränderung im Außen untersteht einem energetischen Einfluss. Die Biophysik setzt Energie und Information gleich, was somit erklärt, warum ein bewusster Lernprozess unser Erleben entscheidend verändern kann. Unser Alltag besteht aus nichts anderem als der unermüdlichen Auseinandersetzung mit der Gesetzmäßigkeit unseres Energiehaushaltes.

Je ungefilterter und unbewusster wir mit unseren Gedanken umgehen, desto mehr Macht üben diese auf unser Erleben aus.

»Es« denkt in uns, »es« fühlt in uns und schließlich überrascht uns das eigene Handeln. Je intensiver wir uns mit destruktiven Gedanken wie Wut, Hass, Aggression, aber auch Angst und Schuldgefühlen beschäftigen, desto mehr nähren wir unseren »Schmerzkörper«. Dieser Begriff steht für die eingeschlossene Lebensenergie, welche sich über eine strudelähnliche Eigendynamik immer negativer in den Kreis unserer Gedanken hineinfrisst. Dieser Umstand kann dazu führen, dass wir über die entstehende Resonanz vermehrt jene Situationen anziehen, welche diese Kräfte nähren. So wird jemand, der in der Vergangenheit von Mitmenschen enttäuscht wurde, in der Zukunft oft Ähnliches erleben. Es ist die Motivation der Gedanken, welche eigenes Verhalten prägt und dadurch auch äußere Reaktionen beeinflusst.

Erst durch das bewusste Wahrnehmen der eigenen Gedanken sind wir in der Lage, unsere Emotionen und somit auch Handlungen zu steuern. Die chinesische Medizin zum Beispiel heilt seit Jahrtausenden unter Einbezug der Chakrenlehre, jener sieben Energiezentren, welche unseren Körper durch sogenannte Nadis beleben und zusammenhalten. Diese Energieströme befinden sich in permanentem Austausch mit unserem äußeren Erleben. Wo immer diese harmonischen Wechselwirkungen gestört sind, treten Defizite auf, welche zu Disharmonie und somit körperlichen Krankheitssymptomen führen. Der Mensch ist also nur dort wirklich gesund, wo diese innere Ordnung stimmt und die Energien ungehindert fließen können. Dann fühlen wir uns vital und stark. Konstruktiv eingesetzt, beweisen uns zum Beispiel die Shaoulin-Mönche, aber auch der asiatische Kampfsport, welche Kraft entstehen kann, wenn ein Mensch die Kunst der Konzentration seiner Gedanken zu nutzen vermag. Der gesamte Organismus des Menschen ist also nichts anderes als ein durch energetische Informationen angetriebenes Fahrzeug.

Die Arbeit an der inneren Ordnung geschieht über das tägliche Erleben der äußeren Formen. Durch eine bewusste Bearbeitung der eigenen Gedanken wird sich somit auch eine inhaltliche Veränderung einstellen.

Die Kraft der Gedanken

Ein Wanderer machte Rast unter den schattenbringenden Ästen eines Baumes. Müde und erschöpft wünschte sich der Mann in Gedanken ein Glas Wasser herbei – und siehe da, Kraft seiner Gedanken stand es vor ihm. Er trank es in einem Zuge leer und dabei dachte er an ein üppiges Mahl, das ihn wieder stärken würde. Kaum gedacht, stand ein duftender Teller mit allerlei Köstlichkeiten vor ihm. Nach dem Essen streckte und reckte sich der Wanderer und wünschte sich ein weiches Bett zum Schlafen. Auch dieses stand plötzlich neben ihm – und sogleich legte er sich glücklich nieder. Die Kraft der Gedanken ist mächtig dachte er und wie ihn die sanfte Kühle der Nacht umgab dachte er: »Was wäre wohl, wenn jetzt ein Tiger kommt?«

(aus: Also sprach Mulla Nasradin, N. Hodscha, München 1993)

Vom Sinn
der Vorbeugung

Wer so lebt, dass er nur glaubt, was er sieht,
handelt auch erst, wenn etwas geschieht.

Markus Marthaler

Der Weg zum inneren Gleichgewicht setzt das Erkennen wesentlicher Stressfaktoren voraus und bildet über die Schulung des Bewusstseins einen ersten Schritt in die praktische Umsetzung. Als Ergänzung dazu können vorbeugende Maßnahmen im Alltag einen wertvollen Beitrag leisten, das eigene Leben aktiver zu gestalten.

Prophylaxe allerdings heißt auch, bereit zu sein, Bestehendes zu verändern. Es liegt allerdings in der Natur der meisten Menschen, dass sich Motivation und Notwendigkeit erst über das Durchleben entsprechender Erfahrungen einstellt. So wächst die Erkenntnis, sich um das eigene Wohl zu kümmern, erst dann, wenn wir krank sind. Diese Einstellung wird durch unsere auf Kurzlebigkeit und sichtbare Realitäten getrimmte Leistungsgesellschaft in vielen Bereichen noch bestärkt.

Prophylassein, die aus dem griechischen übernommene Prophylaxe, bedeutet soviel wie »vor etwas Wache halten«, vorsichtig sein. Sinngemäß meint also Vorbeugung, einem eventuell eintretenden, unerwünschten Geschehen durch Achtsamkeit bestmöglich vorbereitet zu begegnen.

Eine an sich logische Handlungsweise, der wir im Alltag immer wieder begegnen. Wenn wir uns zum Beispiel zum Ziel setzen, den Gipfel eines bestimmten Berges zu erklimmen, so treffen wir ebenfalls allerlei vorbeugende und vorbereitende Maßnahmen. Zum Beispiel laufen wir das Schuhwerk ein, erkundigen uns nach dem Wetter und kleiden uns entsprechend. Wir legen eine Wanderkarte zurecht, packen eventuell Medikamente ein und irgendwann sind wir für dieses Vorhaben gerüstet.

Diese Handlungen helfen mit, einen konkreteren und bewussteren Zugang zum gewählten Vorhaben zu schaffen.

Auf viele Möglichkeiten vorbereitet zu sein, vermittelt zudem eine gewisse Sicherheit, selbst wenn eine Prophylaxe allein noch keine Garantie bietet, das angestrebte Ziel auch wirklich zu erreichen. Dieser Ansatz stellt allerdings das Vordenken über das Nachdenken und ermöglicht konkretes Agieren.

Vorbeugende Handlungen lassen sich dadurch optimieren, dass sie unter dem Aspekt der Ganzheitlichkeit stattfinden. Wie das Beispiel des Bergsteigens aufzeigt, gilt das Augenmerk nicht nur der Ausrüstung und persönlichem Wohlbefinden sondern auch der Zusammensetzung der Gruppe, den vielfältigsten klimatischen Aspekten etc.

So könnte uns zum Beispiel fehlendes Wissen um die unsichtbaren vielschichtigen Einflüsse und Vernetzungen unseres Planeten Erde künftig viele unliebsame Überraschungen bescheren. Das Spezialistentum unserer Gesellschaft erringt wohl beachtliche Forschungsergebnisse am einzelnen Objekt, negiert aber gleichzeitig das Vorhandensein übergeordneter Gesetzmäßigkeiten und Ordnungen. Selbst wo gemeinsame Interessen vorhanden sind, kann eine eingeschränkte Sichtweise gutgemeinte Ziele zerstören, wie die nachfolgende Anekdote aus Indien zum Ausdruck bringt:

Der Elephant

Einst ließ ein König alle Blindgeborenen der Stadt an einem Orte zusammenkommen. Als dies geschehen war, ließ er sie den Kopf betasten mit den Worten: »So ist ein Elefant,« – dann ließ er andere das Ohr, den Stoßzahn, den Rüssel, den

Rumpf, den Fuß, das Hinterteil und schließlich den Schwanz erspüren. Dann fragte er: »Wie ist ein Elefant beschaffen?« Da sagten die, welche den Kopf betastet hatten, er ist wie ein Topf, die welche das Ohr betastet hatten, wie ein geflochtener Korb zum Schwingen des Getreides, die den Stoßzahn betastet hatten, nahmen diesen wie eine Pflugstange wahr, die welche den Rumpf betastet hatten wie einen Speicher, die den Fuß betasteten wie einen Pfeiler, die welche das Hinterteil fühlten wie ein Mörser, die den Schwanz betasteten dachten schließlich an eine Mörserkeule. Alle diskutierten sie auf das Heftigste, wie der Elefant nun so und nicht anders sei, bis sie sich gegenseitig zum Ergötzen des Königs mit den Fäusten zu schlagen begannen.

(Östliche Weisheit)

Genauso wie beim Elefanten versteht sich unser Leben als eng verwobenes Geflecht. Wohin man den Blick auch richtet, einzelne Zellen sind nichts anderes als Teile eines Organismus, welcher wiederum im Dienste eines größeren Ganzen über gegenseitige und ausgewogene Wechselwirkungen Leben spendet. Auf der konkreten Ebene ist gesellschaftliches Gleichgewicht nur da möglich, wo Wirtschaft, Politik, soziales Gefüge und Natur miteinander im Einklang stehen. Ein Körper ist nur dann gesund, wenn die verschiedenen Organe harmonisch arbeiten. Schließlich ist auch wirtschaftlicher Erfolg nur da möglich, wo eine Ausgewogenheit zwischen motivierten Mitarbeitern, kompetenter Führung, einem qualitativ einwandfreien Produkt und dem entsprechenden Markt besteht. Überall da wo ein Teilchen im Zahnrad sich über das andern stellt, sich auf Kosten des Ganzen bereichert, folgt zwingend nach einer gewissen Zeit der Zusammenbruch des Systems.

Dieser Vorgang, der symbolisch in jedem Uhrwerk vollzogen werden kann, findet gerade in der westlichen Denkhaltung noch wenig Anklang. Zum einen mag es die rationale Einstellung sein, die uns nur das glauben lässt was wir sehen, oder es sind unsere vorgefassten Meinungen, die uns davon abhalten, kritische Fragen zu stellen.

Der Mensch an sich ist allerdings ein ganzheitliches Wesen. Unser Inneres sieht sich in jedem Moment des Lebens mit verschiedensten Situationen konfrontiert die es zu verarbeiten gilt. Sogenannte Wirkungsfelder wie Gesundheit, Umfeld, Beruf und Freunde, Partnerschaft, Familie, aber auch Leid und Schmerz prägen unser Dasein. Jeder einzelne Einfluss in einem dieser Wirkungsfelder betrifft auch die anderen mehr oder weniger direkt.

Der Weg zum inneren Gleichgewicht ist eine Einladung, unter dem Aspekt des Ganzheitlichen, die Arbeit an der eigenen Balance zu vertiefen.

Dieses auf »Vorbeugung« aufgebaute Programm hat weder den Anspruch auf Vollständigkeit, noch auf dessen Unfehlbarkeit. Die praktischen Maßnahmen können mit wenig Aufwand, aber etwas Disziplin einfach im Alltag umgesetzt werden und versuchen den Einklang von Körper, Seele und Geist zu unterstützen.

Die Ebene des Körpers

Gesundheit ist nicht alles,
aber ohne Gesundheit ist alles nichts.
Volksmund

Der Umgang mit Krankheit

Die Schulmedizin mit ihren mittlerweile über 1200 Fachrichtungen und mehr als 58 000 allopathischen Mitteln behandelt bis heute an die 40 000 Krankheiten. Eine zweifellos eindrückliche Statistik. Doch woran mag es liegen, dass Krankenkassenprämien unaufhaltsam steigen, der Anteil gesunder Menschen in den letzten 50 Jahren um keinen Bruchteil gestiegen ist? Diese Stagnation trotz großer technischer Errungenschaften könnte darin begründet sei, dass vor lauter Spezialistentum der ganzheitliche Ansatz des Patienten Mensch verloren gegangen ist.

Die Krankheit ist bei vielen Menschen merkwürdigen Verhaltensnormen unterworfen. Die Achtsamkeit für den Körper wird immer mehr zu Lasten geforderter Normen zurückgedrängt. Der gesellschaftliche Druck lässt mangelnde Gesundheit als Schwäche erscheinen, welche im System keine Berechtigung haben sollte und schlichtweg nicht vorgesehen ist. Wir sind verärgert, weil unser Terminkalender durcheinander gebracht wird, das Virus uns aus der gewohnten Bahn wirft und wir angehalten werden, Geduld zu üben.

Unsere Bereitschaft, Krankheit auch als Chance zu betrachten, statt irgendwelche Erreger dafür verantwortlich zu machen, würde auch bedeuten, diese in das eigene Leben zu integrieren. So verschiebt man allzu gerne die Verantwortung auf den Arzt, und erwartet nun seinerseits, dass er das störende Symptom zum verschwinden bringen soll, um das reibungslose Funktionieren wieder herzustellen.

Viele ganzheitlich denkende Ärzte kehren zu den alten Weisheiten zurück, dass die Grundlage zur Heilung nur dort erfolgen kann, wo auch die Seele berührt wird. Sie fordern den Patienten auf, die eigene Lebensweise kritisch zu hinterfragen, um sich anstehenden Veränderungen gegenüber zu öffnen, wie das nachfolgende Beispiel zeigt:

Eine ältere Dame klagte über chronische Magenschmerzen. Nachdem zwei Spezialisten trotz intensiver Untersuchungen nichts herausgefunden haben, die prophylaktisch abgegebenen Tabletten ihre Wirkung verfehlten, suchte sie einen chinesischen Arzt auf. Dieser führte das Symptom auf eine energetische Störung zurück und verschrieb ihr einen Plan, der ihre bisherigen Essgewohnheiten völlig über den Haufen warf. Dieser sah zum Beispiel vor, Käse und sonstige Milchprodukte vorläufig gänzlich vom Menu zu streichen. Zurück im gewohnten Umfeld beschwerte sich die Patientin über die Frechheit des Arztes, ihr als Französin das Essen von Käse zu verbieten und kehrte zur Einnahme ihrer Tabletten zurück.

Wenn diese ältere Dame also nicht bereit ist, ihre Essensgewohnheiten zu hinterfragen, werden ihre Schmerzen durch die Medikamente wohl gedämpft, doch Heilung wird kaum möglich sein.

Der Körper kann mit einem hochsensiblen fein abgestimmten Gerät mit energetischen Schwingungsfrequenzen verglichen werden. Dieses funktioniert so lange, wie die fließende Energie, im Osten Chi genannt, sich in einem harmonischen Gleichgewicht zueinander verhält. Interessanterweise bezeichnet die Weltgesundheitsorganisation WHO die Gesundheit wörtlich als »Zustand im Gleichgewicht«. Der Erkrankung von Organen zum Beispiel geht eine Disharmonie des energetischen Haushaltes voraus. Diese Thesen verfolgt vor allem die chinesische Medizin, die sich im Heilungsprozess auf die psychisch seelischen Aspekte des Menschen konzentriert.

Wir bestehen vorwiegend aus Wasser, Salz und einigen Elementen, also Materie. Ein dahinterliegener Inhalt, eine wirkende Kraft, wie immer man diese auch definieren mag, betreibt diesen Bewegungsapparat. Tritt nun eine Krankheit in diesem formalen Bereich auf, wäre dies folglich eine Konsequenz der unsichtbaren Energie. Aufgrund dieser Überlegung kann Heilung also nicht ausschließlich über die Form erfolgen, sondern bedingt das Berücksichtigen der inhaltlichen und ideelen Ebene. Dazu das nachfolgende Beispiel:

Ein Mann fährt auf der Autobahn und bemerkt nach einiger Zeit das Aufleuchten der Öllampe am Armaturenbrett. Er hält sofort an und verständigt den Pannendienst, der auch prompt erscheint. Auf die Frage nach dem Problem, weist unser Autofahrer auf die brennende Öllampe hin und äußert den Wunsch, diesen Umstand so zu korrigieren, dass dieses Licht nicht mehr blinken soll. Der Techniker benötigt gerade mal 5 Minuten um den geschilderten Schaden zu beheben und das Leuchten der Öllampe zum Verschwinden zu bringen. So, Schaden behoben, sie können weiterfahren, erklärt der Mann von der Pannenhilfe. Ganz toll, erwidert der Autofahrer und fragt begeistert, wie er den Schaden so schnell beheben konnte. Nun, Ihr Grund für die Schadensmeldung war ja die Öllampe und die habe ich nun rausgeschraubt, sie können also ganz beruhigt sein, die wird sie nicht mehr aufregen.

Natürlich kann das Beispiel als überzeichnet betrachtet werden, doch trifft es im Wesentlichen die Handlungsweise vieler Menschen im Umgang mit Krankheit.

Man erkennt in der Öllampe ein störendes Element, das uns an der Weiterfahrt hindert. Wo immer wir ausschließlich auf der formalen Ebene bestrebt sind Probleme zu lösen, verlagern wir lediglich das Symptom auf einen anderen Bereich. In unserem Beispiel wird die Konsequenz des Handelns einige Kilometer später sichtbar.

Unsere Bequemlichkeit neigt dazu, sich solchen Situationen entgegenzustellen, diese nicht anzunehmen und sie durch die alltäglichen Pflichten über den Weg des geringsten Widerstandes kaum zu beachten. Das Verschieben oder Verdrängen von Form resp. Symptom zwingt somit den Inhalt dazu, über eine andere Erfahrung den ursächlichen Gedankenprozess einzuleiten. Diese sich in der Folge vielfältig wiederholenden »Pannen« bieten schließlich den Nährboden für weitere körperliche oder psychische Störungen. Nicht uninteressant erscheint dabei die Tatsache, dass 20 % der Patienten rund 80 % der Krankenkosten für sich in Anspruch nehmen!

Je mehr wir jedoch den Organismus mit seinen Gesetzmäßigkeiten verstehen und mit unserem Körper achtsam umgehen, desto größer ist die Möglichkeit, einen gesunden Alterungsprozess zu erleben. Das bedeutet jedoch keineswegs, dass wir von Krankheiten verschont bleiben werden, denn Krankheit kann auch als äußeres Zeichen fehlender innerer Ordnung betrachtet werden, wie das erwähnte Beispiel durch die Öllampe aufgezeigt hat. Allein dieses Verständnis bietet die Möglichkeit, Krankheiten auch als Chance zu psychisch- seelischem Wachstum zu nutzen, wie dies bereits in der Sinnhaftigkeit von Kinderkrankheiten zu beobachten ist.

Der Wert unserer Gesundheit

»In einem gesunden Körper wohnt ein gesunder Geist«, heißt es im Volksmund. Wer gesund ist, genießt das große Privileg eines beinahe unbegrenzten Handlungsspielraumes im Leben. Es ist das höchste Gut, das wir besitzen. Der eigene Beitrag zur Erhaltung dieser hohen Präferenz bleibt aber oft auf Kosten mäßigen Wissens und Bequemlichkeit auf der Strecke.

Während wir zum Beispiel unseren Wagen regelmäßig zur Inspektion in die Werkstatt bringen, bleibt dasselbe Recht der eigenen Gesundheit meistens versagt. Unseren Körper tragen wir erst dann zum Arzt, wenn sich das Symptom bereits manifestiert, unser Fahrzeug also bereits Schaden genommen hat.

Es ist leider eine Tatsache, dass in unserer wirtschaftsgesteuerten Gesellschaft das Geld mit Krankheit und seinen Folgen verdient wird. Es fordert daher ein hohes Maß an Eigenverantwortung und Mitdenken, mit der eigenen Gesundheit achtsam umzugehen und seinem Körper respektvoll zu dienen, bevor er uns zu seinem Sklaven bestellt.

Merkpunkt 1
Ausgewogenes Essen

Man geht nicht vom Tisch, bis der Teller leergegessen ist – denk an die hungernden Kinder – wenn du aufisst, kriegst du eine Nachspeise – ein Löffelchen für Mama, ein Löffelchen für Papa ... Wer kennt sie nicht, die erzieherischen Maßnahmen aus früherer Zeit, wie sie bei Tisch pädagogisch exerziert wurden. In den letzten Jahrzehnten allerdings geriet die symbolische Bedeutung, die Achtsamkeit, aber auch die kulturelle kulinarische Tradition ins Hintertreffen. Die Zeiten, wo man im Einklang mit Natur und Jahreszeiten speiste, um die Geheimnisse von Aromen, Kräutern und allerlei sinnanregender Köstlichkeiten wusste, gehen an einem breiten Teil der Bevölkerung in unserem Kulturkreise ganz einfach vorbei.

Wir essen heute viel zu schnell, zu unregelmäßig und haben dadurch den gesunden Menschenverstand dem Fast Food Image geopfert. Eine Mahlzeit, ein Gericht, eine Speise einnehmen, ist in unseren hektischen Zeiten längst zu einer schlicht zweckmäßig, menschlichen Tätigkeit, teilweise gar lästigen Pflicht geworden. Die Lebensmittel sind den Nahrungsmitteln gewichen, Konsumenten zu Verbrauchern geworden und so hat die Notwendigkeit auch die Qualität von der Speisekarte verdrängt.

Nahrungsmittelzusätze stehen auf dem Einkaufszettel – mehr und mehr passen sich die Essgewohnheiten den industriellen Interessen an. Das Völlegefühl von gehaltlosem Essen führte in den letzten Jahren durch die Fettanreicherung im Körper zu einer bedrohlich übergewichtigen Gesellschaft. Nun boomt zur Abhilfe der Markt mit Vitaminergänzungspräparaten, welche in Deutschland, trotz zwiespältigem Image, mittlerweile Milliardenumsätze erzielen.

Die zunehmende Sensibilität schärft allerdings das Bewusstsein und immer mehr Menschen nehmen die Signale des Körpers wieder wahr und hören auf die entsprechenden Informationen. Die Nahrung sowie das Essen an sich, wird aufgrund des Überflusses in vielen Bereichen heute auch als Heilmittel unterschätzt. Den asiatischen Strömungen ist es zu verdanken, dass gerade ausgewogene Ernährung wieder vermehrt Anklang findet.

Ausgangspunkt dafür ist die Tatsache, dass der Körper während des Tages ein ausgewogenes Verhältnis von Kohlenhydraten, Fett, Eiweiß und Vitaminen benötigt. Die Kohlenhydrate in Nudeln, Getreide, Kartoffeln und Gemüse bilden eine Basis. Das Eiweiß wiederum fördert den Zellstoffwechsel sowie die Erneuerung und wird in erster Linie über Hülsenfrüchte eingenommen. 20 % des konsumierten Fettes braucht der Körper zur Isolierung der Organe, während der ganze Rest durch eine entsprechende Lebensführung, vor allem durch Bewegung vernichtet werden soll. Die zunehmende Verfettung unserer Gesellschaft, in den USA spricht man von über 50 % der Bevölkerung, bildet zusätzlichen Ballast für den Körper und erhöht das Krankheitsrisiko beträchtlich.

Einige wenige anatomische Kenntnisse können dazu beitragen, das Essverhalten der eigenen kritischen Betrachtung zu unterziehen. Der Volksmund lehrt uns, am Morgen wie ein Kaiser, am Mittag wie ein König und am Abend als Bettler zu Essen. Tatsächlich weisen uns die Körperfunktionen in eine ähnliche Richtung, wenngleich die individuellen Bedürfnisse über jene der gesellschaftlichen Norm gestellt werden sollten.

Die Organe kennen sogenannte Hauptarbeitszeiten, sodass wir durch deren Berücksichtigung eine optimale Nutzung und Verbrennung der Mahlzeiten erzielen können. Der Magen zum Beispiel erreicht ungefähr zwischen sieben und neun Uhr seine höchste Aktivität. Eine optimale Animation erreicht man aber nicht mit einem Kaffee, der dem Magen die Flüssigkeit entzieht und somit schwächt, sondern mit einem leicht temperierten Glas natürlichem Wasser. Ein fruchtiges Müesli mit Hafer, Dinkel oder Kleie könnte man als einen idealen, kulinarisch gesunden Start in den Tag bezeichnen.

Um die Mittagszeit empfiehlt sich eine warme ausgewogene Mahlzeit mit oder ohne Fleisch und frischem saisonalem Gemüse. Das einfache Abendessen erleichtert den Verdauungsprozess vor allem für die Nieren, welche ihrerseits ab ca. siebzehn bis ungefähr neunzehn Uhr den Höhepunkt ihrer Hauptaktivität erreichen.

»Ein Gläschen in Ehren kann niemand verwehren«. Doch der übermäßige Konsum von Alkohol am Abend führt in der Hauptarbeitszeit der Leber zwischen ein und drei Uhr morgens vielfach zu Schlafstörungen. Da dieses Organ symbolisch den Gefühlen zugeteilt wird, erwachen Menschen mit erhöhtem Alkoholkonsum in instabilen emotionalen Situationen oft gerade zu dieser Zeit.

Zu Beachten gilt es bei diesen zeitlichen Ausführungen, dass sich unser Körper den örtlich kulturellen Begebenheiten anpasst. In klimatisch verschiedenen Ländern arbeitet auch der Organismus verschieden, so dass in warmen Ländern zum Beispiel spät abends gegessen wird.

Paracelsus lehrte, dass jedes Lebensmittel sowohl Gift als auch Heilmittel in sich vereint.

So ist es wesentlich, wie so oft im Leben, Maß zu halten und dieses nicht aus den Augen zu verlieren. Der nach Ausgewogenheit strebende Mensch lernt im Alltag, auf seine Bedürfnisse zu hören und versucht nicht, ihm durch eine Diät das eigene Verständnis aufzuzwingen. Der Akt des Essens sollte von Freude gezeichnet sein und nicht durch schlechtes Gewissen vergiftet werden.

Die Tatsache, dass die Ernährung unmittelbar mit der Schwingungsfrequenz unseres Energiehaushaltes gekoppelt ist, kann zu einer Verhaltensänderung im kulinarischen Alltag führen. Auch das Durchschauen eigener Essgewohnheiten, kann animieren, das tägliche kulinarische Abenteuer mit Sinnhaftigkeit zu füllen. Den Mahlzeiten würden so die ihr zustehenden Zeiten aber auch die rituelle Handlung wieder zugesprochen, was einen wertvollen Beitrag zur Erhaltung der Gesundheit beitrüge.

Die nachfolgenden kurzen Ausführen möchten diese Sichtweise aus der symbolischen Betrachtung näher erläutern:

Seit jeher unterstreicht gerade auch der Volksmund die vielschichtige Betrachtungsweise des Essens. So hören wir immer wieder, dass zu viele Köche den Brei verderben, jemandem gehörig die Suppe versalzen wird, eine Suppe nie so heiß gegessen wird, wie sie gekocht worden ist, aber man diese auch auslöffeln muss, wenn man sie sich schon selber eingebrockt hat.

Bleiben wir noch bei des Kaspars Leibspeise, eine Suppe wird auch gerührt und geschöpft. Welch weit verzweigte Symbolik steckt allein nur in diesen Worten des Schöpfens! Auf dem Lande kennen wir des Bauern Schopf, im Alltag packt der Vater seinen Sohn beim Schopf, und wer zuviel isst, fühlt sich auch erschöpft. Andererseits ist es das Schöpferische, welches den Menschen in den tiefen der eigenen Seele schöpfen lässt. Brennt nicht auch der Brei bald an, wenn man ihn nicht rührt, bevor man schöpft. Vielleicht ein kleiner Hinweis darauf, dass auch wir Menschen es zulassen müssten, be-rührt zu werden und sei es nur darum, dadurch ge-rührt zu sein, um erneut schöpferisch wirken zu dürfen.

Manch einer braut in der Gerüchteküche ein eigenes Süppchen, vielleicht um den andern in die Pfanne zu hauen, doch stets in der Hoffnung, dass er sich dabei mindestens die Finger nicht verbrennt, oder Gefahr läuft, im schlimmsten Falle den Löffel abzugeben.

Viele Ausdrücke des täglichen Lebens sind gerade im Umgang mit Essen zum festen Bestandteil unseres Sprachschatzes geworden. Da mag es sein, dass eine Entscheidung mir auf den Magen geschlagen hat, ich dies nur schwer verdauen kann, das andere mir zum Halse raushängt und ich das Ganze zu guter Letzt so nicht schlucken werde. Manchmal wird man gerügt, wenn man einen Kohl erzählt, da ist mir etwas völlig Wurst, jenes stößt mir sauer auf, oder ich finde es einfach zum Kotzen, immer wieder dasselbe durchzukauen. Andern würgt etwas in der Kehle, dort bleibt ihm das Wort im Halse stecken, und meine Handlungen geschehen aus dem Bauche heraus. Die Worte meiner Herzallerliebsten sind süßer als Honig, ich habe sie gar zum Fressen gern, andererseits lasse ich mir genüsslich die Leibspeise auf der Zunge zergehen. Da mag der Ausspruch wieder gehört werden, dass Liebe durch den Magen geht, »man so isst, wie man ist« oder »wie man liebt, so isst man«! Schließt der Volksmund bei einer vorgesetzten versalzten Speise nicht zwingend auf das Liebesleben des Koches?

Wer vom Hineinstopfen nie genug kriegen kann, das Essen im übertragenen Sinne in sich rein schlingt, der kann bald mal in des Teufels Küche kommen, oder hat dann zumindest die Hosen voll. Wer den Versuchungen nicht stand halten kann, der gerät bald in Gefahr, seine Linie zu verlieren, wird vom Feinschmecker, zum nimmersatten Fettsack und wird im schlimmsten Falle beim Leichenmaus für seine weltlichen Verdienste hinreichend gewürdigt.

So erkennen wir die vielschichtigen Hinweise auf das Essen in der Umgangssprache unserer Gesellschaft. Doch dahinter verbirgt sich auch eine tiefere Seite, jene der metaphysischen Welt, einer tieferen Schicht menschlichen Verständnisses:

Wenn die Eltern früher auf den Tisch gehauen haben, weil die Hände zum Essen nicht sauber waren, so mag dies zum Einen wohl dem erzieherischen Effekt gedient haben, doch wie es vielleicht unsere Großeltern noch wussten, auch auf der symbolischen Ebene durchaus gar eine rituelle Notwendigkeit ausdrückte. Das kurze Dankgebet zu Beginn der Mahlzeit, soll die Würde dieser Angelegenheit noch unterstützt haben. Es klingt für den einen oder andern wohl etwas befremdend, wenn die Weisen des Ostens darauf hinweisen, dass die Gedanken während des Kochens und anschließenden Essens die Qualität unserer Verdauung wesentlich beeinflussen. In einigen Kulturen, so auch bei den Pythagoräern, sind die Menschen der festen Überzeugung, die Seelen der getöteten Tiere mitzuessen, was sich heute noch in einigen asiatischen Traditionen durch rituelle Handlungen ausdrückt.

Denken wir dabei aber auch an die alten Ägypter, welche ihren Verstorbenen unter anderem dadurch die letzte Ehre erwiesen haben, dass sie die Gräber mit gewissen Leibspeisen ausschmückten.

»Man isst, was auf den Tisch kommt« – in einem tieferen Sinne gelangen diese Worte zu mehr als sozial pädagogischen Erziehungsmethoden. Dem Menschen wird eine Mahl-zeit vorgesetzt, welche es nun ein zu ver-leiben gilt, jene seiner eigenen Aussaat nämlich, welche er als Ernte, als karmische Früchte in Form eben eines Gerichtes wieder findet. Der Mensch wird hinge-richtet auf dass er sich das Geschöpfte einverleibt, noch einmal, im Schöpfen der Suppe erfahren wir im übertragenen Sinne eindrücklich, dass es gilt, eben dieses Eingebrockte auszulöffeln, auszuschöpfen – dem Schöpfer sei Dank!

Aber auch die Heiligen Texte, allen voran des Buddhismus, mahnen uns daran, dass die Aufgabe des Menschen darin besteht, sich die Welt einzuverleiben, sie würdig zu essen, wie uns das Wort »Bhoga« Weltessen, in reinstem Sinne aufzeigt. Der Mensch muss sich seine Welt genussfähig machen, soll sich die Welt kochen, um den Versuchungen der Maya, der Welt, nicht zu erliegen.

Es ist das, was die Inder Lokapakti nennen. Doch wir finden auch in unserer Kultur Hinweise darauf, dass dem Akt des Essens ein ganz besonderer Stellenwert eingeräumt wird.

Im Abendmahl der Kirche essen wir ja symbolisch vom Leibe Christi, trinken sein Blut, finden weiter vor allem im Johannes Evangelium zahlreiche Stellen, welche uns daran gemahnen, unser Mahl nicht zu verschmähen, uns das Gericht zum Leibgericht zu machen, aber sich dabei nicht an den weltlichen Gelüsten der Triebe und Mächte satt zu essen. Da nun mahnt der Weise zur Askese: Dies meint nicht die katholische Fassung der totalen Entsagung, sondern heißt wörtlich das kunstvolle Handeln und bedeutet im übertragenen Sinne: »Es gilt für den Menschen nicht, sich das Trinken abzugewöhnen, sondern seinen Durst«!

Im Worte Theophagie finden wir noch den Hinweis, dass dieses wörtliche »Gottessen« einen Teil tiefer religiöser Riten beinhaltet. So erkennen wir dies wieder im Eleusis Mysterium in Griechenland, dem Isis und Osiris Kult des alten Ägypten, der Wurzel des heutigen Christentums, aber auch im früher jährlich stattfindenden Kult der Azteken, wo der Gott Huitzilopochtli rituell vom Volke verspeist wurde.

Es ist wohl auch kein Zufall, dass wir uns mit einem Partner vermählen, ihn oder sie Gemahl oder Gemahlin nennen, und wir selber am Schluss im Sarkophag, dem Fleischfresser enden. Denn was wir haben, wird zum Leibgericht der Würmer, was wir sind, zu den Früchten unserer späterer Existenz.

So mag jede Mahlzeit einen Hinweis persönlicher Betrachtung eines weitaus größeren Mysteriums beinhalten, vom Alchemisten in der kosmischen Küche zubereitet, damit wir uns dessen würdig erinnern und so verstehen, warum die Gedanken, mitunter aber auch ein kleines Tischgebet als Ausdruck der Dankbarkeit den inneren Wert einer Mahlzeit tatsächlich wesentlich beeinflussen können!

Merkpunkt 2
Bewusstes Trinken

Unser Verhältnis zum Wasser wird von einer gewohnten Selbstverständlichkeit geprägt. Im verplanten Alltag wird das Trinken oft vernachlässigt, ehe der Körper uns durch Kopfschmerzen, Konzentrationsstörungen, starken Harngeruch und die dunkle Farbe des Urins auf die mangelnde Flüssigkeit aufmerksam macht.

All unsere Organe werden durch unsichtbare energetische Reaktionen angetrieben. Der Körper des Menschen besteht, ähnlich unserem Planeten, zu ungefähr 70 % aus Wasser, das in einem Labyrinth von mehr als 90 000 km Flüssigkeitsbahnen unser Leben im Körper erst möglich macht. Der Atem sowie das natürliche Ausscheiden von Flüssigkeiten erfordern einen täglichen Wasserbedarf von ca. 7 Litern. Einen wesentlichen Teil davon, nehmen wir ganz natürlich während des Tages über Atemwege und Nahrung auf.

Um die bestmögliche Funktionalität der Niere mit ihren vielen tausenden von funktionellen Einheiten zu gewährleisten, bedarf es des täglichen Trinkens von mindestens 2 Litern natürlichen Wassers.

Nebst der genügenden Menge, welche übrigens auch zur Fettverbrennung beiträgt, empfiehlt es sich, dem Magen keine kalten Getränke zuzumuten und auf Eiswürfel gänzlich zu verzichten. Der Grund liegt darin, dass die Niere durch den Kälteschock gezwungen wird, mehr Energie zu produzieren, um die Körperstabilität herzustellen.

Bewohner heißer Länder zum Beispiel achten darauf, dass sie Getränke zu sich nehmen, welche ungefähr der Körpertemperatur von ca. 36 Grad entsprechen.

Hohe Temperaturschwankungen können dazu führen, dass im Organismus vermehrt Feuchtigkeit und somit Schleim und Fett abgelagert wird. Wenn sich daraus eine Unterfunktion der Niere entwickelt, wirkt sich dies zudem als Symptom in einer verstärkten Trägheit und Schläfrigkeit auf das gesamte System aus.

Ein genügender Konsum an Wasser erhöht nachweisbar die Möglichkeiten, die Quellen unserer Energie optimal zu nutzen. Dadurch regelt sich unser gesamtes organisches System und unterstützt den Gedanken- und Informationsfluss im Hirn.

Seit den faszinierenden Studien des japanischen Forschers Masaru Emoto wissen wir, dass Wasser nicht einfach gleich Wasser ist. Eindrücklich hat er belegt, dass dieses kostbare Gut nicht nur als Informationsträger dient, sondern durch chemische Veränderung auch Auswirkungen auf den menschlichen Organismus zeigt. Fluorhaltiges Wasser zum Beispiel hat die Eigenschaft aus einer Dissonanz heraus den Willen des Menschen zu schwächen, während ein erhöhter Chlorgehalt die materielle Denkstruktur im Hirn zu fördern vermag. Exakt solche Aussagen werden auch immer wieder durch Forschungsresultate aus der Biopyhsik bestätigt. Wie gefährlich dieses Element sein kann, drückt die Statistik aus, welche belegt, dass jährlich weltweit rund dreieinhalb Millionen Menschen durch das Trinken von ungesundem Wasser sterben.

Merkpunkt 3
Bewegung und Fitness

Körperlich untätige Menschen weisen immer wieder darauf hin, dass Sport eigentlich ungesund sei und beziehen sich dann gleich auf irgendwelche Unfall- und Verletzungsstatistiken. Während bei anderen die Leistung und der Wettkampf im Vordergrund steht, begnügen sich wiederum andere damit, den Körper durch regelmäßige Well- respektive Fitnessaktivitäten gesund und kräftig zu erhalten.

So sind wir alle auch hier in unseren Argumenten und Legitimationen verschieden.

Es ist nicht das Ziel dieser Zeilen, zu Sport oder Fitness zu animieren, wenngleich in vernünftigem Maße natürlich beides der Gesundheit förderlich ist. Es geht vielmehr darum, unter dem Gesichtspunkt des Bestrebens über äußere Formen an der inneren Balance zu arbeiten.

Unseren Alltag erleben wir vielfach in einem Schwall unterschiedlichster Emotionen. Da herrscht Freude, Bestätigung oder Lust als konstruktiver Energiespender, dort Wut, Zorn oder Aggression. Gerade diese Eigenschaften verursachen in vielen Fällen einen energetischen Stau. Dieser wiederum manifestiert sich vorwiegend in den Organen von Leber und Galle. Die chinesische Medizin ordnet diese beiden aber gleichzeitig den Sehnen und Muskeln im Körper zu.

Wer sich also täglich mit einem lockeren Joggen oder Laufen von ca. 20 Minuten fit hält, leistet einem Energiestau im emotionalen Bereich Vorschub. Die Aktivierung des Kreislaufs fördert den Stoffwechsel im Körper, was diesen gerade in angespannten Situationen schneller regenerieren lässt.

Auf der symbolischen Ebene, und diese verdient es auch immer wieder beachtet zu werden, bedeutet die äußere Bewegung auch eine Möglichkeit, dem inneren Stillstand entgegen zu wirken. Wer sich geistig rege bewegt, verspürt daher auch dann und wann das innere Bedürfnis über körperliche Aktivität in der Natur innerlich aufzutanken. Eine kontraproduktive Komponente erleben Menschen, indem sie über maßloses Rennen ihren Körper permanent an die Grenzen bringen. Wenn wir zum Beispiel beginnen, anstehende psychische Prozesse zu verdrängen, wächst die Gefahr, das Heil im Laufen, oder eben im Weglaufen zu suchen. In der Regel kommt man da nie an, im Gegenteil, man beginnt seinen Körper zu überfordern.

Was immer wir im sportlichen Bereich auch tun, der Spaß und die Freude dürfen nebst der Auseinandersetzung mit dem inneren kleinen »Miesmacher und Minimalisten« nicht zu kurz kommen. Die Aktivierung des Bewegungsapparates kann bereits damit beginnen, dass man sich künftig von Fahrstühlen und Rolltreppen fernhält, oder die Straßenbahn eine Station früher als gewohnt verlässt.

Merkpunkt 4
Entspannung und Freizeit

Beide Schlagworte wecken Wunschdenken, erinnern an gute Vorsätze und prägen die Realität mehr denn je. Verspannte Menschen, gehetzt von dichtgedrängten Terminkalendern bevölkern die Straßen unserer Städte, wo doch immer wieder Studien belegen, dass entspannte Menschen im Alltag mehr Leistung bringen würden. Diesen Resultaten wird in den USA immerhin soviel Gewicht beigemessen, dass viele Firmen Ihren Mitarbeitern über Mittag geeignete Meditationsräume und Schlafstellen zur Verfügung stellen. Wir tun uns allerdings schwer, uns selbst ein »time out« zu gönnen, sich etwas Gutes zu tun, indem man sich täglich zum Beispiel eine Stunde schenkt, statt am Abend froh zu sein, die Zeit am Bildschirm totgeschlagen zu haben, die man eifrig des Tages einzusparen suchte.

Die Freizeit, dient eigentlich dazu, sich zu erholen, um mit aufgefüllten Batterien an die Wirkungsstätte des Alltags zurückzukehren. Die freie Gestaltung der Zeit in unserer Gesellschaft entpuppt sich immer mehr zur Ebene der Kompensation, gefährliche Hobbies testen den Nervenkitzel für den stumpfen Alltag, übertriebene Aktivitäten suchen nach körperlichen Leistungsgrenzen und die Harley steht als Symbol vermeintlicher Freiheit, um sich aus alltäglichen Sachzwängen zu befreien.

Die Ruhe, das Nichtstun, gestatten wir uns dann im Urlaub. Dieses Loslassen des angestauten Druckes kann sich in der

Folge, zum Ärger der restlichen Familie, durch ein entsprechendes Krankheitsbild entladen. Die Ferienzeit sollte eigentlich da beginnen, wo wir wirklich ausgeruht sind, leider ist diese in den meisten Fällen gerade dann wieder vorüber. Die schönsten Wochen des Jahres sind oft, ähnlich wie Feiertage, Gradmesser und Prüfstein sowohl eigener als auch familiärer Befindlichkeit und Stressresistenz.

Unser Körper verfügt über präzise Messinstrumente, welche uns bei genauem Hinhören die entsprechenden Daten liefern. Über- oder Unterforderung, das Überschätzen eigener Kapazität, all das spricht für den mangelnden Bezug zu den eigenen Grenzen. Dieses fördert das Krankheitsrisiko und verhindert die Einkehr zu innerer Ruhe.

Jeden Tag einige Minuten fix eingeplante Entspannung halten uns wachsam gegenüber den Warnsignalen unseres Organismus. Eine überlegte Urlaubsplanung schließt Entspannung und angemessene Aktivität gleichermaßen mit ein.

Merkpunkt 5
Der Schlaf

Der Schlaf ist jenes Grundbedürfnis, das rund ein Drittel unseres Lebens beinhaltet. Während der Nacht verarbeitet unser Hirn zum Teil kompensatorisch die übermittelten Gedanken und Emotionen des Tages.

Schlafstörungen der verschiedensten Art können darauf hinweisen, dass im Moment die emotionale Stabilität gestört ist. Der für die meisten von uns unbewusste Vorgang des Schlafes gilt nicht nur als überlebenswichtig, sondern kann uns über das Medium des Traumes mitunter wertvolle Informationen liefern.

Der Mensch war in früherer Zeit durch die fehlenden technischen Bequemlichkeiten gezwungen, den Schlafrhythmus der Natur anzupassen. Im High-Tech-Zeitalter allerdings haben sich diese natürlichen Abläufe verschoben. Die Tatsache, dass der

Tag zur Nacht und die Nacht zum Tag gemacht wird, zwingt die Menschen zu außerordentlichen zeitlich bedingten Arbeitsabläufen während der ganzen 24 Stunden.

Diese Tatsache trägt dazu bei, dass die unregelmäßigen Rhythmen nach einer gewissen Zeit zu Schlafstörungen führen können. Um eigenen Erwartungen und Gewohnheiten gerecht zu werden ist die Verlockung groß, in solchen Fällen Abhilfe zu schaffen. Diese geschieht dann vielfach durch die Einnahme von Aufputschmitteln, welche als Doping den Körper künstlich in der Aktivität halten. Die andere Möglichkeit besteht darin, sich durch die Einnahme von Schlaftabletten in einen künstlichen Schlaf zu versetzen, um so das Versäumte nachzuholen.

Den geeigneten Schlafrhythmus zu finden, ist aber äußerst schwierig. Verschiedenste Studien zeigen zwar immer wieder auf, dass der Schlaf vor Mitternacht der Gehaltvollste ist, und das kleine Nickerchen nach einem üppigen Essen den Verdauungsprozess unterstützt. Doch die Individualität des Menschen zeigt sich auch im Schlafverhalten.

Wesentlich scheint es, durch Achtsamkeit den eigenen Rhythmus herauszufinden. Raubbau wird der Körper über längere Zeit an sich nicht dulden, wenn wir ihm nicht freiwillig jene Ruhe gewähren, die ihm zusteht, wird er sie auf seine Weise einfordern.

Merkpunkt 6
Der Atem

Es gibt nichts, das uns näher steht als der Atem. Wo immer wir sind, er begleitet uns permanent, und schenkt uns durch seinen unaufhaltsamen Rhythmus Leben. Zusammen mit der gerichteten Kraft der Gedanken gehört der Atem zu den zentralen Aufgaben jeder Bewusstseinsschulung.

Er ist aber auch ein großer Heiler unseres Körpers, er reinigt das Nerven- und Kreislaufsystem, vermehrt dadurch den Zellhaushalt und stärkt die Organe. In der chinesischen Medizin weiß man, dass der Energiekörper des Menschen, die Aura, wesentlich durch den Atem verändert werden kann. Die Inder integrieren den Odem in ihre spirituellen Meditationsübungen mit dem Ziel, dadurch die Nadis, eine Art Energiekanäle, in Fluss zu bringen.

Wenn man Leute aufmerksam beobachtet, fällt rasch auf, dass die Atmung zum Teil völlig unterschiedlich abläuft. Die innere Haltung des Menschen gegenüber seinem Leben drückt sich im Muster seines Atems aus. Jedes Ein- und Ausatmen bekräftigt diese Einstellung und bildet in seinem Ausdruck für den Atemtherapeuten die Ausgangslage zu einem Heilungsprozess. Der Grund warum in der westlichen Welt kaum rhythmisch geatmet wird liegt darin, dass die Flut negativer Informationen, die Hektik und der Stress unsere konstruktiven Gedanken schädigen und damit gleichzeitig eine natürliche Atmung verhindern.

Die nachfolgende Übung möchte aufzeigen, welche Veränderung sich durch eine kurze tägliche bewusste Atemsequenz in unserem Befinden einstellen kann.

1. Nehmen Sie vier kurze Atemzüge
2. Anschließend atmen sie ganz lange ein und wieder aus
3. Achten Sie darauf, dass Sie durch die Nase ein- und ausatmen
4. Also vier kurze und einen langen Atemzug, viermal hintereinander, ohne anzuhalten

Die tägliche mehrmalige Wiederholung im Alltag wird nach einigen Wochen ihre Wirkung nicht verfehlen und Sie vielleicht animieren, sich tieferes Wissen und weitere Übungen zu diesem wertvollen Thema anzueignen.

Merkpunkt 7
Das Entschlacken

Dieser Merkpunkt der Körperebene will auf den Nutzen des Entschlackens oder, wie man es klassisch benennen kann, des Fastens aufmerksam machen.

Diese auf tief verwurzelte Rituale zurückgehende Tradition ist in den vergangenen Jahrzehnten immer mehr in den Hintergrund gedrängt worden. Die Zeiten, wo christliche und orthodoxe Gläubige bewusst die 40 Fastentage bis Ostern einhielten, gehören einer längeren Vergangenheit an. Auch das jüdische Fest des Jom Kippur oder der islamische Ramadan sind mit der Zeit von den Riten in ihrer wahren Bedeutung abgewichen.

Der tiefere Sinn des Fastens besteht nicht darin, einfach nichts mehr zu essen, sondern sich einer inneren und äußeren rituellen Reinigung zu unterziehen. Dieser Lösungsprozess kann bewirken, dass man den eigenen Inhalten neu begegnet und zusätzlich die Wahrnehmung der Sinnesorgane inniger erlebt.

Es geht nicht darum, möglichst viel Gewicht zu verlieren, sondern über einen aktiven Bewusstseinsprozess des Loslassens an seiner psychischen Entwicklung zu arbeiten.

Zudem bietet es eine nicht zu unterschätzende Möglichkeit, sich mit den Kräften der Bequemlichkeit und Überwindung zu messen.

Dieser im wahrsten Sinne des Wortes Natur-Heil-Prozess kann bei normaler Gesundheit von jedermann durchgeführt werden. Die Auflistung der einzuhaltenden Grundregeln können dem Literaturhinweis entnommen werden.

Wenn Stress und Frustration unseren Alltag zu prägen beginnen, neigen wir dazu, unser ganzes Verhalten diesem Umstand anzupassen. Wir bewegen uns zuwenig, verbringen die meiste Zeit in schlechter Luft, der Kaffee, Fleisch und Zuckerkonsum steigt und das Essen wird schnell und unregelmäßig verschlungen. All diese Faktoren verursachen zusätzliche Störungen im inneren Gleichgewicht. Die chronische Übersäuerung führt dazu, dass der Körper diesen Überschuss neutralisieren muss und sich die fehlenden basischen Mineralien aus dem Bindegewebe, den Blutgefäßen oder den Knochen holt.

Dies führt dann dazu, dass viele von uns tatsächlich auch im Alltag schnell sauer werden oder rasch spüren, wenn ihnen etwas sauer aufstößt.

Warum soll Rauchen schädlich sein, wenn der Opa als Kettenraucher 90 wurde? Warum soll man genug trinken, wenn die Tante kaum Flüssigkeit zu sich nahm und auch 82 wurde? Das mag daran liegen, dass jeder Organismus einem eigenen Rhythmus unterliegt, doch durch die steigenden Anforderungen an den Menschen in der Gesellschaft erhöht sich das Stressrisiko und somit die körperliche Anfälligkeit.

Der Körper ist unser Fahrzeug, das uns durch die Straßen der Erwartungen, Hoffnungen und Wünsche führt. Doch es ist auch in der Lage, all unsere Pläne und Projekte auf einen Schlag zu durchkreuzen.

Die Achtung und Dankbarkeit diesem Körper gegenüber sollte sich auch darin äußern, ihm würdevoll zu begegnen. Es ist weder selbstverständlich, jeden Morgen gesund aufzustehen, noch den Tag nach eigenen Vorstellungen erleben zu dürfen.

Eines Tages wird sich diese Tatsache bestätigen, bis dahin sollten wir alles in unserer Macht stehende unternehmen, das Wunderwerk Körper zu pflegen. Die erwähnten Punkte als prophylaktische Maßnahmen garantieren uns allein kein Gesundsein, doch können sie uns auf dem Weg zum inneren Gleichgewicht als hilfreiche Stütze dienen.

Die Ebene des Umfeldes

> Ich schlief und träumte,
> das Leben sei Freude,
> ich erwachte und sah,
> das Leben war Pflicht.
> Ich tat die Pflicht und siehe,
> die Pflicht ward Freude
>
> *Rabindranath Tagore*

»Der Mensch und die Umwelt sind eins«, besagt ein chinesisches Sprichwort. Das Wahrnehmen des äußeren Umfeldes besteht aus vielen komplexen Bausteinen.

Was immer auf uns zukommt, wie immer wir darauf reagieren, es entspricht in seiner Erkenntnisfähigkeit als Spiegelbild der Reife unseres Bewusstseins und steht in unmittelbarem Zusammenhang mit der entsprechenden Lebenssituation. Was mich trifft, betrifft mich. Dieser Gedanke kann in seiner Konsequenz den Anreiz bieten, das tägliche Leben aus einem veränderten Blickwinkel zu betrachten.

Wenn die Begebenheiten der äußeren formalen Welt in einen persönlichen Kontext gebracht werden, besteht die Möglichkeit, das Geschehen einerseits bewusst wahrzunehmen, zu durchschauen andererseits aber auch konkret zu gestalten.

Dem Gedanken von Form und Inhalt, Ursache und Wirkung folgend, können die Dinge über das bewusste Bearbeiten an der Form Veränderungen auf der inneren Ebene bewirken.

Unter diesem Aspekt bietet der achtsame Umgang im persönlichen Lebensbereich, wie Gesellschaft und Arbeit ein nützliches Hilfsmittel, dem Wesen nach innerem Gleichgewicht in seiner Vielfalt etwas näher zu kommen.

Der persönliche Wohn- und Lebensbereich

Unsere nach ökonomisch wirtschaftlichen Kriterien ausgerichtete Gesellschaft vernachlässigt oder unterschätzt in vielen Bereichen räumliche Anordnungen und deren Einfluss auf das seelische Wohlbefinden. Jene Menschen, welche sich dem Ursprung der Natur von jeher verbunden fühlen, verspüren intuitive Impulse, welche die Gestaltung eines harmonischen Lebensraumes beeinflussen.

Merkpunkt 1
Die Einrichtung

Fehlt in der Wechselwirkung zwischen Mensch und Lebensraum die Balance, so geht auch das Gefühl einer positiven Ausstrahlung verloren. Dieser Hinweis aus der östlichen Tradition weist uns darauf hin, dass es gilt, jenen Orten besondere Aufmerksamkeit zu schenken, an denen wir uns im Wesentlichen aufhalten.

Dass man ein Haus zum Beispiel wie ein Lebewesen betrachtet, erscheint uns westlich geprägten Denkern suspekt oder bestenfalls amüsant.

Vom energetischen Standpunkt aus meint dies Plätze, welche durch unsere Anwesenheit am meisten genährt werden. Wohn- und Arbeitsräume zum Beispiel, auf die wir durch unser Verhalten und Handeln prägend wirken.

Die Jahrtausende alte Lehre des Feng Shui, jene Philosophie des alten China, besagt, dass die atmende Energie der Natur, Chi genannt, sich als Wechselwirkung von Himmel und Erde auf den Menschen überträgt. Ähnlich der Akupunktur am Körper besteht die Möglichkeit, zum Teil durch geringfügige Veränderungen, störende Energien wieder in Fluss zu bringen. Das Bagua, eine

Art Grundstückraster, welches man über den Grundriss einer Wohnung legt, zeigt den eventuellen Handlungsbedarf an. Durch das Ausrichten von Pflanzen oder Spiegeln können Energien umgeleitet, durch das Aufhängen und Aufstellen von Klangspielen, Bildern und Wasserbrunnen positive Energiefelder verstärkt werden. Die Lichteinwirkung in einem Wohnraum zum Beispiel trägt Wesentliches zur psychischen Verfassung bei.

So ist bekannt, dass schummriges Licht die Leistungsfähigkeit hemmt, hingegen eine warme, helle Einstrahlung das Hormon Melatonin im Körper aktiviert, was wiederum das persönliche Wohlgefühl unterstützt. Wenngleich solche Lehren in westlichen Breitengraden oft mit einer beinahe arroganten Haltung verpönt werden, kann uns bewusstes und praktisches Erfahren eines Besseren belehren.

Merkpunkt 2
Ordnung

Aus pädagogischen Gründen wurden wir bereits als Kinder zu Ordnung in Benehmen und Auftreten angehalten. Meist folgen Eltern der Tendenz, ihre eigenen Ideale gerade am Beispiel der Ordnung nach bestem Wissen und Gewissen auf die Kinder zu übertragen. Diese meist auf Moral aufgebauten Normen lösen in den späteren Erwachsenen meist zwiespältige Kindheitserinnerungen aus. Ordnung wird dann voreilig mit Pingeligkeit, Spießbürgertum, Disziplin, aber auch Strafe in Verbindung gebracht.

Ordnung zu schaffen, kann aber unter einem anderen Blickwinkel betrachtet werden und setzt nicht zwingend voraus, dass Zufriedenheit davon abhängt, ob die Zahnbürste im 90 Grad Winkel zum Zahnglas ausgerichtet sei.

Vielmehr steht im Vordergrund, dass die Dinge so geordnet sind, dass sie an ihrem angestammten Platz zu finden sind. Die gelesene Zeitung beim Altpapier, das Geschirr in der Küche, die Kleider im Schrank.

Dieser Umgang mit dem eigenen Lebensraum bezüglich äußerer Ordnung erfordert Konzentration, schult die Achtsamkeit und zwingt uns, den Alltag jederzeit mit Bewusstsein auszufüllen.

Getreu dem Grundsatz wie Innen so Außen, korrelieren in vielen Fällen die innere und äußere Ordnung des Menschen. Wer sich in einer Phase der Unsicherheit wähnt, verspürt nicht selten den Drang, durch äußeres Handeln der inneren Struktur wieder näher zu kommen. Die Definition von Ordnung allerdings ist und bleibt eine individuelle Angelegenheit. Deren Umgang verlangt die Erkenntnis der schmalen Grenze zwischen krankhaftem und phlegmatischem Handeln und wird nur dort seinen Nutzen bringen, wo ein gesundes Verständnis zum Tragen kommt.

Merkpunkt 3
Reinigung

Die Punkte Ordnung und Reinigung weisen viele Parallelen auf und können so ergänzend betrachtet werden. Auch hier spielen frühe Erinnerungen eine tragende Rolle, mischen sich mit Gesellschaftsmoral und gelten die Maßstäbe individuellen Verständnisses. Wenn in einer harmonischen Einrichtung eine entsprechende Ordnung vorhanden ist, wirkt Schmutz und Dreck störend.

Der innerlich nach Reinheit strebende Mensch sucht sich auch das entsprechende Umfeld oder strebt zumindest danach, dieses nach seinem Wohlbefinden reinlich zu gestalten.

Dieser Gedankengang hängt eng mit der Symbolik der Ordnung zusammen. In unserem Alltag treffen wir immer wieder auf Handlungen, welche wir rein intuitiv unter dem Aspekt der Gewohnheit ausführen. Wenn auch der traditionelle Frühjahrsputz heute nur noch wenige Anhänger findet, so war auch dies in früherer Zeit eine bewusste Handlung, die neue Jahreszeit äußerlich ordentlich und rein willkommen zu heißen.

Ein Verhalten, das wir nach einem anforderungsreichen Tag

ebenfalls spüren, indem wir dem reinigenden Bedürfnis einer Dusche folgen, und uns schließlich ebenfalls mit gewaschenen Händen an den Esstisch setzen.

In Zeiten innerer Unordnung und Zerrüttung erweisen sich aufräumen und putzen immer wieder als therapeutisch hilfreiche Handlungen. Achtsames und rituelles Vorgehen können dazu beitragen, den angestrebten Zentrierungsprozess positiv zu beeinflussen.

Merkpunkt 4
Entrümpeln

Es mag in den Genen von uns Menschen liegen, dass viele von uns tief im innersten Sammler und Jäger geblieben sind. In seiner äußeren Form wird es immer wieder sichtbar, wenn wir uns auf einem Rundgang durch die eigenen vier Wände die Frage stellen, ob all das Vorhandene in Gestellen und Schränken noch von Nutzen ist.

Eventualitätsszenarien, Spargedanken und Denkmalpflege hindern uns daran, das Wesentliche vom Unwesentlichen zu trennen. Doch das nicht Loslassen können, das Haften wollen darf man in diesen Gedankengängen nicht außer acht lassen. Viele moralisch abgestützte Ausreden an Dingen festzuhalten erinnern an die eigene innere Wahrnehmung und verhindern so die Öffnung für das Neue. Selten sind wir Menschen so kreativ wie wenn es darum geht, Bewährtes zu rechtfertigen und zu erhalten, um schließlich im Traditionellen zu verharren. Wir tun uns schwer mit dem Loslassen althergebrachter Denkmuster und liebgewordener Gewohnheiten.

So füllen sich äußere und innere Keller mit vergilbten Hosen, abgetragenen Schuhen, defekten Haushaltsgeräten, aus der Mode geratenen Vorhängen und verstaubten Büchern der Großeltern. Bis in die hintersten Küchenregale stehen sich längst abgelaufene Lebensmittel und die Verfalldaten der Medikamente in der Hausapotheke erzählen eine eigene Krankheitsgeschichte. Wer sich je in der Situation vorfand, die Wohnung eines verstorbenen Angehörigen zu räumen, weiß, wie vielfältig sich dieser Ballast entfalten kann.

Wie kann Abhilfe geschaffen werden? Ein mögliches Szenario kann sein, dass wir alles, was wir innerhalb einer entsprechend gesetzten Frist nicht verwenden, in einer Kiste mit der Aufschrift »in 6 Monaten« auf dem Speicher verschwinden lassen. Wurden die Sachen nach Ablauf des festgesetzten Zeitraumes nicht benutzt, sollten sie auf dem Flohmarkt angeboten oder aber entsorgt werden.

Entrümpeln heißt, sich auf die wesentlichen materiellen Dinge zu konzentrieren. So verschwindet zum Beispiel für jedes neue Buch ein altes, jeder neuen Hose muss eine Gebrauchte weichen etc. Erstaunt stellt man fest, wie geheimnisvoll Kleiderschränke plötzlich scheinbar an Raum gewinnen.

Ein ordnender Aspekt in diesem Sinne kann dazu führen, dass man wahrnimmt, dass es sich in überschaubaren Räumen leichter atmen lässt und sich dadurch eine neue Wohnqualität ausbreitet. Sich auf das Wesentliche zu konzentrieren bietet zudem inneren und äußeren Raum für Neues.

Merkpunkt 5
Umgang mit elektromagnetischen Feldern

Die meisten modernen Geräte, welche unsere Wohnräume bevölkern, senden elektromagnetische Energien aus. Sicherlich wäre es verfehlt, aus dieser Tatsache Ängste oder gar Panik zu verbreiten. Und doch können diese Frequenzen den menschlichen Organismus beeinflussen und als Auslöser zu gesundheitlichen Problemen führen. Es ist wohl unserem Konsumverhalten zuzuschreiben, warum die gründliche und auf Beweiskraft ausgerichtete Wissenschaft in diesem Bereich bisher wenige handfeste Fakten veröffentlicht hat.

Ein auf Standby geschalteter Fernseher im Schlafzimmer, das Handy auf dem Nachtisch, die Halogenlampe an der Decke und das vollautomatische Wasserbett reichen vollkommen aus, die Qualität jenes Raumes nachhaltig zu beeinflussen, in dem wir uns die meiste Zeit aufhalten! Manche Menschen, vor allem Kinder, verfügen über einen ausgeprägteren Sensor in diesem Bereich und nehmen in oft subtiler Form wahr, welche Belastung eine Ansammlung solcher Frequenzen für den energetischen Fluss bedeutet. Nervosität, mangelnde Konzentration und Schlaflosigkeit bis hin zu körperlichen Symptomen können als Begleiterscheinungen auftreten.

Eine kritische Überprüfung des Sinnes all unserer technischen Hilfsmittel sowie deren bewusste Nutzung und Handhabung, stellen einen nicht zu unterschätzenden Mehrwert bezüglich der räumlichen Lebensqualität dar.

Merkpunkt 6
Gestaltung persönlicher Resonanzen

Durch all unser Wirken und Handeln erzeugen wir nach außen eine Schwingungsfrequenz ähnlich einem Radiosender, welcher die Resonanz zum interessierten Hörer schafft. Der Mensch selbst ist es, der das Programm seines »Energiesenders« zusammenstellt. Unsere Vorlieben für Farben, Raum und Gestaltung bringen uns mit dem eigenen Geschmackssinn in Kontakt. Dasselbe geschieht im zwischenmenschlichen Bereich, wo wir sympathische Menschen auch gerne damit bezeichnen, dass sie »über dieselbe Wellenlänge« verfügen.

Durch die Wahl von Stil und Farbe unserer Kleidung schaffen wir Eindrücke. Die Einrichtung unseres Lebensraumes, die Bilder an der Wand, die Bücher im Regal – all dies vermittelt über den materiellen Ausdruck unsere innere Haltung.

Es ist das, was uns wichtig erscheint oder auch ganz einfach die gegenwärtige Situation gewollt oder ungewollt widerspiegelt. Die Auswahl unseres Wagens, die Fahrweise, die Wahl des Restaurants, Essmanieren, der Gebrauch unseres Wortschatzes, all die kleinen Dinge im täglichen Leben widerspiegeln in ihrer Gesamtheit unsere eigenen Werte und bringen einen großen Teil unseres Wesens in die Sichtbarkeit.

Bewusst oder unbewusst stellen wir uns darauf ein und passen uns an. Zum Jahresball der Rotarier erscheinen wir ebenso wenig in Jeans, wie wir uns nicht im Abendkleid in die Fankurve des FC Bayern stellen.

Doch bei alledem gilt es auch zu beachten, sich selber treu zu bleiben. Wer permanent die entsprechende Situation über seine äußere Erscheinung entscheiden lässt, braucht sich nicht wundern, wenn er sich um den Preis des »nicht auffallen Wollens« in seiner Haut unwohl fühlt. Richten wir jedoch den Blick nach Innen und bringen es mit dem Außen in Übereinstimmung, vermischen sich Eindruck und Ausdruck zu spürbarer Harmonie. Unser Erscheinungsbild gewinnt an prägender Kraft und unterstützt das angestrebte Wirken.

Unser Verhalten wiederum wird in vielen Fällen von einem Automatismus, ähnlich zweier Betrachtungsweisen überlagert. Die eine wird durch den Wunsch, wie wir gern sein möchten, motiviert, die andere, wie wir von den anderen wahrgenommen werden wollen, gesteuert. Befindet sich mein Selbstwertgefühl in einem ausgewogenen Verhältnis, minimieren sich diese Fremdantriebe. Das »Sein, wie man wirklich ist«, setzt Kräfte frei und bietet kaum noch Angriffsflächen bezüglich der gesellschaftlichen Meinungsbildung.

Diese Möglichkeit, der Welt in eigener Vielfalt zu begegnen, ermöglicht auch Einblicke in die Welt des Gegenüber mit all seinen voyeuristischen Versuchungen. Gelingt es diese Sichtweise konstruktiv auszuschöpfen, bietet sich eine ausgezeichnete Gelegenheit, die Erkenntnisse über die eigene Persönlichkeit zu vertiefen.

Schlechte Laune

Ein Schüler klagte dem Meister: »Meister, ich habe eine unbeherrschte Laune, wie kann ich sie heilen?« »Du besitzt etwas sehr Seltsames«, antwortete der Meister. »Lass mich sehen, was du da hast«. »Ich kann sie euch jetzt nicht zeigen.« »Wann«, fragte der Meister zurück, »kannst du sie mir denn zeigen?« »Das kann ich nicht vorhersagen, sie kommt ganz unerwartet.« »Dann aber kann sie nicht ein Teil von dir sein, sonst könntest du sie mir jederzeit zeigen.«
(Östliche Weisheit)

Durch bewusstes Handeln gelingt es, die eigene Welt sichtbar zu verändern. Wer nach einem hohen ethischen Verständnis lebt, wird wahrnehmen, wie sich die eigene Handlungsweise auf andere Menschen überträgt und selbst im grauen Alltag einige Worte des Herzens auf einmal friedvolle, farbige Momente zum Leben erweckt. »Wie du in den Wald hineinrufst, so tönt es zurück«.

Es sind immer die stärkeren Energien, welche die Schwächeren beeinflussen. Das Wissen um diese wirkenden Kräfte verlangt gerade von bewusster lebenden Menschen ein hohes Maß an Verantwortung und eine reife Haltung gegenüber der Macht, um nicht aus Egoismus deren manipulativen Seite zu erliegen.

Kommunikation in der Gesellschaft

Wo immer Kommunikation stattfindet, deutet diese in erster Linie an, dass man mit etwas oder jemandem in Verbindung tritt. Dieser Umstand zieht in vielen Fällen einen entsprechenden Austausch nach sich. Die so entstehende Beziehung kann aktiv über das eigene Verhalten beeinflusst – oder passiv, mehr oder weniger bewusst, zur Kenntnis genommen werden. Das eigene Reflektieren, das sich selber wahrnehmen und erleben, geschieht primär über den zwischenmenschlichen Austausch, die Kommunikation mit der äußeren Welt.

Gesendete, aber auch empfangene Informationen können mit einer Art energetischer Schwingung verglichen werden, welche sich unmittelbar auf das Denksystem der betroffenen Personen auswirken. Die daraus resultierenden Gedanken beeinflussen unsere augenblickliche Wertehaltung, erschaffen die Gefühlswelt und äußern sich in der persönlichen Handlungsweise.

Die steigende Flut zu verarbeitender Informationen, die Bewältigung vielfältigster Kommunikationsmittel, erfordern von unserem Bewusstsein höchste Achtsamkeit. Denn trotz quantitativer Steigerung der verfügbaren Instrumente spüren wir in unserem Inneren die qualitative Seite des Austausches schwinden.

Je achtsamer sich der Umgang mit unseren Kommunikationsfiltern gestaltet, desto eher wächst daraus die Möglichkeit, aktiv und bewusst in den eigenen Denkprozess einzugreifen.

Die Welt, wie sie sich uns präsentiert, ist das Produkt unserer eigenen wahrgenommenen Wirklichkeit. Jeden Tag erschaffen wir diese aufs Neue und geraten gleichzeitig in Gefahr, sie durch die Brille unseres trügerischen Verstandes und allzu moralischer Vorstellungen zu verkennen. Nicht umsonst spricht der Volksmund mit zweideutigem Unterton, dass eigenes Denken der persönliche Luxus ist, die Dinge zu sehen, wie man sie sehen will.

»Das Gespräch ist eine gegenseitige, distanzierte Berührung«, schreibt Marie Luise von Eschenbach. Mit einem Menschen in Kontakt treten, kann oft mehr sein als das. Ein verständnisvoller Blick, eine herzliche Geste, liebende Worte, aber auch anerkennendes Lob vermögen Berge zu versetzen, wo ein verletzender Satz zur falschen Zeit und unachtsames Handeln eine tiefe Wunde reißt. Unsere Zungen sind manchmal schärfer als Messer und nicht immer sind wir uns wirklich klar darüber, was ein ungehemmter Disput im anderen auszulösen vermag.

Nicht was ich sage ist entscheidend, vielmehr was mein Gegenüber darunter versteht, bildet die elementare Grundlage im zwischenmenschlichen Austausch. Kommunikation geschieht einerseits über eine sachliche Ebene, in seiner Form als wertfreie Information gesprochener Worte, andererseits über das emotionale Empfinden gegenüber der Person. Sinnigerweise bilden gerade diese beiden Faktoren den Schlüssel eines konstruktiven Dialoges.

Die Fähigkeit sich auf die emotionale Ebene des Gesprächspartners einzulassen motiviert ihn, es mir gleich zu tun, und die so gewonnene Übereinstimmung erzielt eine Annäherung. Erkennt man auf der Sachebene mehr als den eigenen Standpunkt, hilft es, die Beweggründe des Gegenüber schneller zu erfassen und man gerät weniger in Gefahr, das Gespräch durch Sturheit oder Selbstgefälligkeit zu vergiften.

In sich zu ruhen und dem Moment die notwendige Achtsamkeit entgegenzubringen, schafft die Möglichkeit, dem oft oberflächlichen »Small Talk« zu entgehen und sich einer vielschichtigeren Bedeutung der Sprache und deren Ausdrucksweise zuzuwenden. Wollen wir verhindern, dass zwischenmenschlicher Austausch von Verlierer und Gewinner geprägt wird, verlangt dies eine Kommunikation, welche sich auf allen Ebenen durch gegenseitigen Respekt auszeichnet. Diesen im Dialog aufrechtzuerhalten, stellt die Kommunikation gerade bei Kritik oder Konflikten auf einen echten Prüfstein.

Merkpunkt 1
Kritik im zwischenmenschlichen Austausch

Kritisieren meint im etymologischen Sinne soviel wie beurteilen, beanstanden, bemängeln, aber auch tadeln. In zweiter Linie wird aus dem griechischen »krinein« auch der Wortstamm »krisis«, wörtlich Entscheidung abgeleitet. Wo immer wir kritisieren oder wir damit konfrontiert werden, stellt sich die Frage, wie wir uns dazu stellen und damit umgehen.

Wer persönlich kritisiert wird, greift in den meisten Fällen instinktiv zur Waffe des Verstandes, dem Schutzmantel des Ego. Dieser schmiedet in Windeseile das Verteidigungsplädoyer und sucht am einfachsten das Heil in der Schuldzuweisung gegenüber der Außenwelt. Wer in unserer Kultur in Frage gestellt wird, setzt dies meist mit persönlichen Zweifeln gleich und steigt entsprechend »in den Ring«. Natürlich sind andere Meinungen auch immer Ausdruck persönlicher Perspektiven, doch kann es nur von Vorteil sein, ihnen eine entsprechende Beachtung zu schenken.

Wem solches wertfrei gelingt, ohne sich selbst darzustellen, wer sich dabei kritisch zu betrachten weiß, entzieht sich manch gefühlsduseliger Verstrickung. Ein auf diese Weise bewusst durchlebter und angenommener Prozess bietet die Möglichkeit, den Verstand in den Dienst der Vernunft zu stellen. Daraus wächst die emotionale Stabilität, welche eine kritische Selbstreflektion bezüglich der angebrachten Aussagen ermöglicht.

Falsches Harmoniestreben und ein überirdischer Wunsch, es allen Recht machen zu wollen, hindert andererseits daran, selber gegenüber unseren Mitmenschen Kritik zu üben. Feigheit, Weg des geringsten Widerstandes, Angst vor Unpopularität: Der Gründe gibt es viele, welche uns schließlich der eigenen Glaubwürdigkeit berauben. Immer wieder finden wir uns in Rollen vor, wo gerade diese Eigenschaft als Kritiker, sei es in Form der Eltern, Vorgesetzten oder ganz einfach als Vorbild von uns gefordert wird. Gerade von letzterem hängt es vielfach ab, wie weit eine angebrachte Kritik ihrer Wirkung gerecht wird. Wer in emotionalem Gleichmut, mit Respekt und sachlichen Grundlagen unter vier Augen den konstruktiven Aspekt verfolgend argumentiert, kann selbst unter diesen Umständen ein stimulierendes Umfeld schaffen.

Ganz anders verhält es sich mit destruktiver Kritik gegenüber nicht anwesenden Drittpersonen. Menschen, welche zu dieser Handlungsweise neigen, versuchen nicht nur auf Kosten anderer sich selber in den Vordergrund zu stellen, sondern verbreiten disharmonische Stimmungen, welche unbemerkt energetisch destruktive Wirbel auslösen. Negative Gespräche beeinflussen entsprechend die mentale Gedankenwelt und haben die Eigenschaft, sich zu vermehren, was nachträglich oft zu fühlbar schlechter Stimmung führt.

Dieser Umstand gilt nicht als erzieherische Schuldzuweisung gegenüber der Handlungsweise anderer Menschen. Vielmehr ist es sinnvoll sich zu entscheiden, mit welchen Resonanzen ich mich umgeben will. Die Eigenverantwortung verlangt auch da, wo nötig, den Mut zur Unpopularität in Form von Abgrenzung vor ansteckender Disharmonie. Bekanntlich kann schon das Schweigen gegenüber einer anschuldigenden These als innere Zustimmung vom Sendenden gewertet werden.»Wer über andere Schlechtes zu erzählen weiß, wird auch über Anwesende nichts Gutes zu reden haben«, erinnert uns der Volksmund. Tatsächlich mag es da sinnvoll erscheinen, auf das innere Gleichgewicht bezogen, die persönliche Adresskartei immer wieder einer kritischen Prüfung zu unterziehen, um zu beurteilen, mit wem die kostbare Zeit künftig gewinnend gestaltet werden soll.

Merkpunkt 2
Konflikte im zwischenmenschlichen Austausch

Schwierigkeiten im Umgang mit unseren Mitmenschen liegen wohl in unserer Natur und dürfen als normaler gesellschaftlicher Beziehungsprozess betrachtet werden. Jeder Einzelne von uns jedoch ist seinem Wesen nach frei, wie solche Situationen über verbale und nonverbale Kommunikation bearbeitet werden.

Es gibt dabei immer einen Grund, solche unerledigten Aufgaben vor sich her zu schieben. Nicht selten treffen wir bei aufmerksamer Eigendiagnostik immer wieder auf dieselben Stolpersteine, wie sie uns im Umgang mit Kritik bereits begegnet sind. Wir zögern oder verhindern die Konfrontation und dies obschon wir intuitiv spüren, dass ungelöste Konflikte in unserem Inneren zu wuchern beginnen. Durch das Verdrängen stärken wir jedoch die Problematik und erlauben ihr, durch die damit beschäftigten Gedanken zum Teil eine nicht unerhebliche Macht über uns auszuüben. Wo immer eine Drittperson eine emotionale Reaktion in mir auszulösen vermag, bin ich gebunden und in meiner Aktion nicht frei.

Die aufgestaute Energie kann sich so unbewusst über Aggression oder stummen Rückzug sein Ventil suchen und dadurch eine Annäherung erschweren.

Das Geschenk

Einmal ging ein Mann zu Buddha und fing an, ihn zu beschimpfen. Er schimpfte eine, zwei, drei Stunden lang, bis es dunkel wurde. Als die Nacht hereinbrach, wollte er gehen. Da sagte Buddha: »Nun lieber Freund, sag mir noch eins.« Der Mann hielt inne, und Buddha sagte: »Wenn einer einem anderen ein Geschenk bringt und dieser es nicht annimmt, bei wem verbleibt es dann?« Der Mann antwortete: »Bei dem, der es gebracht hat.« »Gut«, erwiderte Buddha, »ich nehme das Geschenk, das du gebracht hast, nicht an.«
(Östliche Weisheit)

Therapeutische Verhaltensstudien weisen immer wieder darauf hin, dass verdrängte, unbearbeitete Konflikte auf der psychischen Ebene eine entsprechende Dynamik entwickeln. Diese schafft über unser Erscheinungsbild jene Resonanz, welche dazu führt, dass wir über die Außenwelt mit diesen tabuisierten Themen konfrontiert werden. Da werden die liebsten Menschen dann von Rüpeln auf der Straße beschimpft und antiautoritäre Eltern erfahren am eigenen Leibe, wie sich die Kinder autoritär durchsetzen. Die Eigenblindheit ist wohl eine der größten Herausforderungen auf dem Wege zum inneren Gleichgewicht. Es ist daher nicht von der Hand zu weisen, dass wir aufgrund dieser Überlegungen immer wieder mit jenen Konflikten konfrontiert werden, welche unserer inneren Haltung entsprechen.

Es sind die unscheinbaren Laienschauspieler, die uns als Hauptdarsteller auf der Lebensbühne den eigenen »blinden Fleck« präsentieren. Es liegt an uns, ob schließlich ein Drama oder das Lustspiel aufgeführt wird.

Je rascher man sich Konflikten stellt und bestrebt ist diese aufzulösen, desto schneller findet die fließende Energie neuen Raum zum Atmen. Selbst da wo sich das Gegenüber einer Lösung verschließt besteht die Möglichkeit, über das innere Aussöhnen die harmonische Dynamik mindestens für sich selber wiederzugewinnen.

Merkpunkt 3
Umgang mit technischen Kommunikationsmitteln

Manchmal so scheint es, sind dem technischen Fortschritt in der heutigen westlichen Welt kaum mehr Grenzen gesetzt. Kaum erwirbt man ein technisches Gerät, da läuft dort bereits die Werbung für deren Nachfolgeprodukt. Der Umgang mit sogenannt passiven Kommunikationsmitteln wie Fernsehen und gedruckten Medien bringt uns die weite Welt in die gute Stube. Über die aktiven Mittel wie Internet, E-Mail, aber auch Handy, sind wir gar in der Lage, beinahe jederzeit weltweit in Kontakt zu treten.

Doch neben all den erfreulichen Errungenschaften und nützlichen Erfindungen darf einmal mehr nicht außer acht gelassen werden, dass unsere Seele anderen Gesetzen als jenen der technischen Entwicklung folgt.

All diese Neuerungen öffnen interessante neue Perspektiven aber bergen in sich versteckte, nicht zu unterschätzende Gefahren. Technischer Fortschritt ist vielfach auf die Bequemlichkeit des Menschen ausgerichtet und fördert damit indirekt auch die Gewohnheit: einen der großen Feinde seelischer Entwicklung. Die gesteuerte Entlastung und Erleichterung im Alltag schafft zudem neue Abhängigkeiten und bringt uns nur bedingt die gewünschte Freiheit.

Wenn die nachfolgenden Zeilen die erwähnten Kommunikationsmittel auch aus einer kritischen Warte beleuchten, so dienen diese ausschließlich dem Ziel objektiverer Betrachtungsweise bezüglich des inneren Gleichgewichtes.

Es ist immer der Einzelne selbst, der aus seiner Freiheit heraus das Maß festsetzt, die Dinge in nützlichem oder schädlichem Rahmen für sich in Anspruch zu nehmen.

Das *Fernsehen* ermöglicht es einerseits die Welt in Bildern zu entdecken, sich in kurzer Zeit Wissen anzueignen, setzt uns aber andererseits auch den vielfältigsten emotionalen Stimmungen aus. Geblendet durch all diese Verführungen bleibt dieses Medium immer auch ein Erleben aus zweiter Hand. Das passive, oft wahllose Konsumieren ähnelt einem Totschlagen der Zeit, was in extremis durchaus als eine Art Vernichtungserklärung an unser Bewusstsein bezeichnet werden kann.

Die zunehmende Enttabuisierung wie man es täglich in den Talk Shows erleben kann, suggeriert die Sensationslust, fördert den Voyeurismus oder schafft idealisierte Gefühle mit Stars und Sternchen. Die unverbindliche Anteilnahme an Geschehnissen, welche sich in den meisten Fällen weder im Umfeld noch als Wirkung in der Umwelt bemerkbar macht, verführt den Zuschauer allzu gerne in eine fremde Scheinwelt. So kann es geschehen, dass mir die schreckliche Lebenssituation eines von einer Naturkatastrophe heimgesuchten Menschen fiktiv zu meinem eigenen Problem wird. Dieses hypnotische Prinzip treibt auf einmal das eigene Bewusstsein weg vom wirklichen Leben in der eigenen Wohnstube und findet sich wieder in fremden, oft manipulativ gefärbten Identifikationen. Dieser Vorgang kann dazu führen, dass eine breite Zerstreuung den Aufbau des inneren Gleichgewichtes empfindlich zu stören vermag.

Die Aufnahmekapazität unseres Hirns beträgt einen Resonanzwert von ca. 8 Hertz. Diese Maßeinheit bezeichnet man als Atmosphärenwert, der über das EEG des Gehirnstroms ermittelt wird. Dieser Wert entspricht einer durchschnittlichen Aufnahmekapazität des Gehirns, um Geschehenes unmittelbar wahrzunehmen. Da die Schwingung beim Fernsehen ungefähr 160 Hertz beträgt wird unsere Gedankenwelt gezwungen, Gesehenes abzuspeichern und fortlaufend abzurufen, um es entsprechend zu verarbeiten. Unser Innenleben erfährt also im wahrsten Sinne des Wortes eine weitaus stärkere Prägung, als wir es durch unser Bewusstsein in der Lage sind wahrzunehmen. Gleichzeitig kann Fernsehen auch die Entwicklung eigener Fantasie und Kreativität hemmen.

Viele der oben erwähnten Symptome lassen sich auch auf die Medienwelt, in Ihrer Vielfalt in Form der *Zeitungen* übertragen. Wer immer sich eine Meinung aufgrund von Printmedien bilden will, tut gut daran, diese vorerst einer kritischen Selbstzensur zu unterziehen. Nicht selten erweisen sich Stammtischdiskussionen aufgrund jener Informationen als »heißer Brei im kalten Teller«. Die Gefahr, dass Zeitungsinformationen vorwiegend auf subjektiven Fakten beruhen, zeigt sich immer wieder, meist allerdings im Nachhinein. Vielfach mischen sich in der Berichterstattung die optischen Eindrücke des Journalisten mit dessen persönlicher Meinung. Diese richtet sich zudem in vielen Fällen nach der politischen Gesinnung des Blattes. Dabei gilt es auch den internen Druck des Auflagenvolumens im Auge zu behalten. Trifft diese Konstellation auf eine, nach Sensation lüsterne Leserschaft, verführt dies allzu leicht, einen Standpunkt, eine Analyse vernebelt darzustellen.

»Die Grenzen meiner Sprache bedeuten die Grenzen meiner Welt«; so umschrieb der Philosoph Ludwig Wittgenstein etwas, das inzwischen auch die Hirnforschung belegt: Der Mensch ist nur in der Lage jenes zu Denken, was er auch mit seiner Sprache auszudrücken vermag. Je einfacher sich die Form des geschriebenen Wortes präsentiert, desto mehr wird die Denkweise des Lesers eingeschränkt!

Bei aufmerksamer Betrachtungsweise unserer Informationsflut ist unschwer zu erkennen, dass diese sich vor allem auf das Negative fokussieren:

Unfälle, Verbrechen, Katastrophen, Streit und politisches Machtgeplänkel erfüllen allabendlich unsere Stuben und bilden so einen anderen Spannungsaspekt im Umgang unserer Lese- und Bilderwelt. Die permanente Flut destruktiver Meldungen fördert durch eine thermodynamische Zustandsfunktion die Homöostase im Hirn, was dazu führt, dass unsere Gedankenwelt und somit unsere Gefühle, aber auch unsere Taten nachhaltig in der entsprechenden Weise beeinflusst werden. Selten gelingt es uns im Alltag, über die Informationsquellen Kraft und Freude zu schöpfen, es braucht daher die geschulte Aufmerksamkeit unseres inneren Ratgebers, der uns beisteht, wenn es darum geht, Wesentliches von Unwesentlichem zu trennen.

Die technische Errungenschaft des *Internet*, dieser schier unerschöpfliche Brunnen theoretischen Wissens, eröffnet unserer Gesellschaft bisher ungeahnte Möglichkeiten in der großen weiten Welt der Information.

Das neue Zeitalter des Computers ermöglicht uns, Millionen von Daten im eigenen Lebensraum zu speichern und sichert den unmittelbaren Zugriff auch in ferner Zukunft. Diesen Privilegien allerdings steht die Gefahr des sich Verlierens gegenüber, denn das Fördern des »Flachbildhirns« verliert dort seine qualitativen Eigenschaften, wo sich ein selektiver Umgang zugunsten fremdbestimmter Sehnsüchte verirrt.

Doch nicht nur im Surfen drohen eigene Gedanken auf Tauchstation zu gehen, auch der Umgang mit *E-Mails* lässt im täglichen Austausch viel Raum zu spekulativem Treiben. Ein sinnvoller Umgang mit dem Versenden von Nachrichten folgt dem Anspruch nützlicher Aussagekraft. Die Möglichkeit des raschen Austausches drückt sich jedoch in vielen Fällen mehr im quantitativen Element aus als in seiner Qualität und folgt in der Produktion primär der Masse und erst sekundär dem Nutzen, wie uns der praktische Alltag vielfach beweist.

Schließlich bleibt der beinahe süchtige Umgang mit dem *Mobilfunktelefon*. Kein Telefon mehr mit sich zu führen, ist für die meisten Menschen kaum denkbar und wie man früher ohne leben konnte, nicht mehr vorstellbar. Ein gutes Beispiel, wie eine technische Entwicklung den Menschen über die Bequemlichkeit in die Abhängigkeit führt.

Die Erfahrung der Stille

Ein in Meditation erfahrener Mann wurde einmal gefragt, warum er trotz seiner vielen Beschäftigungen immer so gesammelt sein könne. Dieser sagte:«Wenn ich stehe, dann stehe ich, wenn ich gehe, dann gehe ich, wenn ich sitze, dann sitze ich, wenn ich esse, dann esse ich, wenn ich spreche, dann spreche ich ...« Da fielen ihm die Fragesteller ins Wort und sagten: »Das tun wir doch auch, aber was machst du noch darüber hinaus«? Er sagte wiederum: »Wenn ich stehe, dann stehe ich, wenn ich gehe, dann gehe ich, wenn ich sitze, dann sitze ich, wenn ich esse, dann esse ich, wenn ich spreche, dann spreche ich ...« Wieder sagten die Leute: »Das tun wir doch auch«. Er aber sagte zu Ihnen: »Nein, wenn ihr sitzt, dann steht ihr schon, wenn ihr steht, dann lauft ihr schon, wenn ihr lauft, dann seid ihr schon am Ziel ...«

(Östliche Weisheit)

Überall auf »Draht« zu sein ist absolut »in« und zeitgemäß. Die Neugier, die Unentbehrlichkeit, der Anspruch auf Kontrolle oder gar die Angst, etwas zu verpassen, ist längst salonfähig geworden. Doch trägt es wirklich zur psychischen Gesundung bei, wenn wir nicht mehr in der Lage sind, ungestört eine Mahlzeit einzunehmen? Die gesellschaftliche Legitimierung ermöglicht es, bizarre Gewohnheiten in der heutigen Alltagswelt nicht mehr zu hinterfragen, sie vielmehr tolerant zu integrieren. Die hochgepriesene Individualität und Selbstverwaltung kümmert sich nicht um Kleinigkeiten wie die Frage, warum sich das eigene Verhalten immer mehr nach den kleinen Annehmlichkeiten der technischen Errungenschaften ausrichtet.

Der sinnvolle und dosierte Umgang mit den erwähnten Kommunikationsmitteln ist Teil unserer vernetzten Umwelt, und leistet dabei einen wertvollen Beitrag in unserer Gesellschaft. Um Abhängigkeiten und Bequemlichkeit konstruktiv zu begegnen, verlangt deren Nutzung allerdings eine ausgewogene Haltung gegenüber der eigenen Diszipin.

Vom Umgang mit Geld

»Geld ist ein guter Diener, aber ein schlimmer Herr«, »Geld regiert die Welt«. Die Volksweisheiten rund um die Faszination des Geldes finden wir reichhaltig über alle Gesellschaftsebenen verteilt. Diese materielle Form von Energie kann in unserem Alltag durchaus als eines der faszinierendsten Phänomene bezeichnet werden. Es ist und war dafür verantwortlich, dass Menschen und ganze Kulturen entstanden sind, herrschen, sich bekriegen und schließlich nach einer gewissen Zeit wieder verschwinden. Kein Zweifel, Geld verhilft, verknüpft mit Macht und Einfluss, zur Regentschaft in der äußeren und sichtbaren Welt. Eine spielerische Betrachtung führt uns zur Feststellung, dass diese Art von Zahlungsmittel, das in früherer Zeit eher als Tauschware denn als Besitz benutzt wurde, einem sonderbaren magischen Spiel untersteht. Ein Stück Papier mit besonderen Erkennungszeichen und der Aufschrift »1000 €« berechtigt unter Umständen zum Einkauf einer bestimmten Menge eines entsprechenden Produktes. Die Regeln dieses Spiels jedoch funktionieren nur dadurch, dass jeder daran glaubt, alle mitmachen und somit der Fluss in Gang kommt und aufrecht erhalten wird. Nach der Einführung des Euro wurde per Gesetz die Deutsche Mark ersetzt. Einige Monate später galt ein Geldschein mit dem Gegenwert von 500 Deutschen Mark als wertloses Stück Papier und bestenfalls als Andenken an eine alte vergangene Zeit.

Das Funktionieren dieses Systems beruht auf der energetischen Werthaltung eines Gesellschaftsprinzips und entsprechend erlebt der Einzelne diesen Vorgang bei sich selbst. Energie und Geld sind in vielen Fällen eng mit dem persönlichen Erleben verknüpft.

Ein finanzieller Engpass bedeutet schlaflose Nächte, sorgenvolle Tage, Verzicht und nachhaltige Einschränkungen. Geld macht nicht primär glücklich, aber schafft jene Freiheiten, welche den ärmeren Menschen verwehrt bleiben. Andererseits gilt auch das bekannte Phänomen, dass Besitz manchmal Ängste, Misstrauen und den Drang nach Versicherungen hervorruft. Ein Umstand dem jene Menschen, welche nichts zu verlieren haben, mit Unverständnis begegnen können. Wer nichts hat, dem kann auch nichts genommen werden, so kann auch die Motivation von Ängsten unter dem Aspekt von Reichtum und Macht kritisch betrachtet werden.

Auch die Gleichung von »Zeit ist Geld« gilt in unserer Gesellschaft immer wieder als Antriebsfeder der Alltagsbewältigung. Doch diese Überlegung kann aus der Logik heraus nicht funktionieren. Das hieße auch, dass Zeit mit Geld aufzuwiegen ist. Doch weder ist es älteren Menschen gelungen, durch ihr Vermögen jünger zu werden, noch verhelfen hohe Führungsgehälter zu besserem Zeitmanagement.

Diesbezüglich kann man in der Gesellschaft faszinierende Verhaltensweisen feststellen. Die Generation der alteingesessenen, traditionell Begüterten, leben oft ohne großen Luxus und unterstreicht die These, dass man von den Reichen das Sparen lernen kann, sich wie magisch angezogen, Geld zu Geld findet und somit dem der schon hat, noch gegeben wird!

Anders beobachtet man das Phänomen, dass Menschen, welche über Nacht zu Reichtum gelangt sind, diesen auch rasch wieder verloren haben, wie zum Beispiel eine große Anzahl von Lottomillionären erfahren mussten. »Wie gewonnen, so zerronnen«, erinnert ein weiterer Ausspruch aus dem Volksmund, der oft auch beim Antritt eines überraschenden Erbes zutreffen kann. Eine Hinterlassenschaft bedeutet immer auch eine große Verantwortung, aber auch Verpflichtung gegenüber dem früheren rechtmäßigen Eigentümer. Gerade bei Geschäftsübergaben an die nächste Generation wird diese Herausforderung immer wieder sichtbar, wo oft die Erste etwas aufbaut, die Zweite dieses verwaltet und die dritte Generation vielfach ohne großen Bezug zu den Wurzeln das Ganze wieder verspielt.

Geld ist uns geliehen damit wir unsere Talente entwickeln. So wirkt sich unehrenhaft erarbeitetes Geld im Leben eines Menschen als andere energetische Kraft aus, als jenes, das rechtmäßig erarbeitet wurde. Wer sich den Ordnungen des Geldflusses nicht verschließt, kann durchaus sein Vermögen, so klein es auch sein mag, steigern und dieses gewinnbringend verwalten.

Die Talente

Ein alter Bauer hatte 3 Söhne und fand es nun an der Zeit, diese in die weite Welt ziehen zu lassen. So berief er alle zu sich und teilte ihnen seinen Entscheid mit. Jedem gab er dazu eintausend Talente als Startkapital mit auf den Weg und befahl, diese nach zehn Jahren der Wanderschaft wieder zurückzubringen. Nach Ablauf dieser Zeit erschien der Älteste als erster und erzählte von seinem Hof, den Tieren und dem einträglichen Leben, das ihm nun ermöglichte, auch die tausend Taler zurückzugeben. Dies freute den Vater sehr und er sagte zu seinem Sohn: »Du hast es verstanden, behalte das Geld und gehe deinen Weg«. Kurze Zeit später kam der zweite Sohn. Auch der war erfolgreich und wollte die Schuld begleichen. Abermals antwortete der Vater: »Du hast es verstanden, behalte das Geld und gehe deinen Weg«. Kurze Zeit später kam auch der Jüngste zurück. In großer Hetze und sichtlich erleichtert legte er seine tausend Talente auf den Tisch und sprach zu seinem Vater: »Was bin ich froh, dass die Zeit endlich um ist. Ich habe das Geld im Wald vergraben und die ganze Zeit plagte mich die Angst, es nach all den Jahren nicht wiederzufinden«. Der Vater blickte traurig und sprach: »Schade, mein lieber Sohn, du hast es nicht verstanden, von dir nehme ich es zurück«.
(Bibel)

Merkpunkt 1
Umgang mit Schulden

Die Möglichkeiten, den Verführungen unserer materiell orientierten Gesellschaft zu erliegen, sind vielfältig und äußerst professionell gestaltet. Allen voran ködert und weckt die Werbung Bedürfnisse, welche vielfach erst durch deren kreative Bilderwelten wahrgenommen werden. Der Glamour der Imagepflege lächelt von den Werbetafeln und die Finanzinstitute preisen an der nächsten Ecke auch gleich mögliche Zahlungsmodalitäten an. Der schnelle Genuss, in unserer schnelllebigen Welt lässt die morgigen Konsequenzen in der Hast der Konsumwut vergessen. Das heutige sorgenlose Leben zählt und damit beginnt in vielen Fällen ein schuldbeladenes Morgen.

Bereits in der Grundschule beginnt das Prestigedenken. Teure Markenartikel und die neusten technischen Geräte gehören zur Standardausrüstung, machen die Zugehörigkeit erst salonfähig. Später folgen Autos und weiteres Zubehör, um die eigene Position in der Gruppe zu stärken. Gerade die auf Kreditbasis erworbenen Konsumgüter tragen ihren Teil dazu bei, eine falsche Anerkennungs- und Wertvorstellung gegenüber der Umwelt aufzubauen. Die Tücke besteht darin, dass die sogenannten Erinnerungskäufe, wie Polstergruppen, teure Urlaube, Markenartikel etc. in Tat und Wahrheit die eigene Lebensenergie an die Vergangenheit fesseln, und dabei das Investitionspotential in die Zukunft verkümmert. Dies meint in erster Linie die Tatsache, dass man sich in der Gegenwart mit Schulden belastet, Dinge konsumiert oder verschwendet, sie jedoch zu einem späteren Zeitpunkt zu bezahlen hat.

Im Jahre 2006 schätzt man in der Schweiz, dass bereits bei über einem Viertel der 16- bis 20-Jährigen in irgendeiner Art und Weise eine materielle Verpflichtung gegenüber Dritten vorliegt.

Wer sich verschuldet, bringt den Ausgleich von Geben und Nehmen aus dem Gleichgewicht. Je nach Ausmaß schwächt diese eingegangene Verpflichtung die Lebenskraft und gestattet dem Gläubiger einen entsprechenden Einfluss in das persönliche Energiefeld. Damit eine Schuld nicht automatisch zur Last wird, mag es hilfreich sein, diese nach bestimmten Gesichtspunkten festzulegen.

Gesunder Menschenverstand gepaart mit klaren realistischen Wertvorstellungen und einer überlegten Erwartungshaltung kann immer wieder eine wertvolle Entscheidungsstütze sein, bevor man sich in eine materielle Fremdschuld und somit in äußere Abhängigkeiten begibt.

Beim Kauf eines Eigenheimes zum Beispiel empfiehlt es sich, einige Punkte zu beachten. So sollte der Kaufpreis nicht mehr als $4-4^{1}/_{2}$ mal mehr ausmachen als das Nettojahreseinkommen der Familie. Übersteigt die monatliche Verzinsung ein Drittel des Monatsgehaltes, sind in der Regel Schwierigkeiten vorprogrammiert.

Die Kredit gewährende Bank spricht zwar auch in diesem Fall von Anlagevermögen, doch trifft dies lediglich aus ihrer Sicht zu. Diese Anschaffung des Käufers bezeichnet man eigentlich als Luxusvermögen, da dieses nicht automatisch eine Verzinsung abwirft. Fehlüberlegungen und Spekulationen bergen die Gefahr in sich, dass einen am Schluss das Haus beherrscht, wo man dieses doch lediglich mit Freude bewohnen wollte.

Bei Darlehen und Krediten gegenüber Freunden und Bekannten empfiehlt es sich, neben einer schriftlichen klaren Absicherung, eine rasche Rückzahlung festzulegen. Eine diesbezügliche Schuld trägt immer den Keim von Spannung in sich und kann gerade Freundschaften rasch einer ungewollten Belastungsprobe aussetzen. Nicht umsonst sagt man, man lernt die Menschen kennen, wenn das liebe Geld mitmischt.

Finanzielle Abhängigkeiten sollten lediglich in dem Rahmen eingegangen werden, als man notfalls auch in der Lage ist, diese raschmöglichst zu begleichen.

Merkpunkt 2
Reserven schaffen

»Spare in der Zeit, so hast Du in der Not«. »Kluger Rat: Notvorrat«. Zitate welche vor allem der Nachkriegsgeneration nicht unbekannt sind, weil sie damals zum Überleben von großem Nutzen waren. Heute mag ein entsprechendes Kapital den Einzelnen im Allgemeinen beruhigen, wenn nicht die Gier überhand nimmt und das Gegenteil bewirkt. Mittlerweilen ist es ein Ausdruck unserer Zeit geworden, den Lebensstandard dem Einkommen anzupassen. Erst im Nachhinein wird manch einem unmerklich bewusst, dass diese Art von Lebensführung ein feines Netz von Abhängigkeiten schafft.

Unvorhergesehenes, das mit Kosten verbunden ist, das Unberechenbare, trifft uns dann immer überraschend und bringt Schwierigkeiten mit sich. Dort wo nie ein Gedanke an schlechtere Zeiten verschwendet wird, geschieht es plötzlich und kann panikartig die Angst der eigenen Existenzsicherung über uns hereinbrechen. Immer wieder lässt uns das Leben irgendwann da oder dort hungern und zeigt uns die Lektion auf, dass satt sein träge macht und den Stillstand fördert. In solchen Krisen sind auch immer Chancen verborgen. Vielfach zeigen sie uns den eigenen Bezug zu materiellen Besitztümern auf und rücken allfällige Missverhältnisse zurecht.

Der eine spricht von einer Existenzkrise, wenn der Zweitwagen verkauft werden muss, während sich der andere einmal in der Woche an einem Stück Fleisch erfreuen kann. Das Spektrum in diesem Bereich ist breit gestreut in unserer Gesellschaft. Das Aufklaffen der Schere zwischen Arm und Reich wird dabei auch in naher Zukunft kaum eine Veränderung erfahren.

Reserven zu schaffen auch bei einem kleinen Budget, ermöglichen mehr Freiraum und können dazu beitragen, energetisch unabhängiger im Alltag zu wirken.

Eine Möglichkeit besteht zum Beispiel darin, einen kaum merklichen Betrag jeden Monat auf ein spezielles Konto einzuzahlen. Ein Prozentsatz von nicht budgetierten zusätzlichen Erträgen kann ebenfalls zur Seite gelegt werden. Wer die erhaltene Lohnerhöhung nicht gleich verplant, legt zum Beispiel 20 % des Mehreinkommens als eiserne Reserve an. Auch der Trick, täglich entsprechende Kleinmünzen zu sammeln, verhilft mit der Zeit kaum spürbar zu einem stattlichen Betrag.

Wenn junge Eltern jeden Monat einen kleinen Fixbetrag auf das Jugendkonto des Nachwuchses überweisen, wird es der Kontostand in einigen Jahren erlauben, Aufwendungen wie Ausbildung oder unvorhergesehene Zusatzkosten für das Kind zu unterstützen.

Wer Börsengeschäfte tätigt, begibt sich immer auf das Glatteis der Spekulation. Wenn der eingesetzte Betrag zu schlaflosen Nächten führt, kann aus erhofftem Gewinn allzu schnell eine neue Quelle verschwendender Energie geschaffen werden.

Wer sich mit Geld umgibt, soll sich auch darum kümmern. Reserven schaffen muss nicht primär Verzicht bedeuten, sondern stellt das Sensibilisieren von kontrolliertem Ausgeben in den Vordergrund und kann als weiterer Baustein der innere Ruhe förderlich sein.

Merkpunkt 3
Spenden

Zu Zeiten von Königen und anderen Herrschern galt es als Pflicht, dass die Menschen jeweils ihren zehnten Teil des erwirtschafteten Einkommens abzugeben hatten. Nicht immer wurde dieses Geld, wie ursprünglich vorgesehen, an den ärmeren Teil der Bevölkerung weitergegeben. In den meisten Fällen wurde es für eigene Zwecke missbraucht.

Dieser Tradition liegt jedoch ursprünglich eine andere Motivation zugrunde. Dem Gesetz des Geben und Nehmens folgend galt es seit jeher als Sitte, dass Wohlhabende einen Teil ihres Besitzes als Zeichen der Dankbarkeit weiterreichten. In ländlichen

Gegenden wird man bis auf den heutigen Tag diesem Brauche gerecht und feiert denn auch das Erntedankfest oder andere verwandte Anlässe. Noch auffälliger begegnen wir diesen Riten im asiatischen Raum des Buddhismus und Hinduismus.

Geld zu besitzen müsste immer auch unter dem Aspekt der Verantwortung gesehen werden. Jeder Mensch befindet sich durch sein Umfeld in einem fein gewobenen System, welches nicht zuletzt durch die energetische Kraft des Geldes angetrieben wird. Den oft schmalen Grat zwischen übermäßigem Spendieren und geizigem Gehabe muss ein jeder für sich gehen. Viele Menschen, welche zum Beispiel ein Leid überstanden haben, verspüren in der Spende einen tieferen symbolischen Gehalt.

Doch wie bei vielen anderen Dingen auch, steht bei der Spende nicht primär die Handlung im Vordergrund, sondern deren Motivation. Ein Unternehmen welches großzügig Gaben verteilt und Hilfswerke unterstützt, muss nicht unbedingt ethisch handeln. Wenn solche Taten unter dem Motto »Tue Gutes und rede davon« als Marketingstrategie missbraucht werden, verfehlen sie den tieferen Sinn des Gebens. Man mag sich noch daran erinnern, dass aus früheren Zeiten uns auch der Satz aus dem Religionsunterricht begleitet, der uns lehrte, dass die linke Hand nicht wissen soll, was die rechte tut ...

Die Volksweisheit, wie sie uns das Märchen vom Sterntaler vor Augen führt, erst zu geben, bevor man bekommt, mag auch in heutigen Zeiten immer noch seine Berechtigung finden.

Wer einem Bettler auf der Straße einen Betrag in den Hut wirft und dabei schulmeisterlich darauf hinweist, damit Nahrung und nicht Alkohol zu kaufen, erliegt ebenso wie das Geschäftsverhalten einer fremd motivierten egoistischen Haltung.

Das Spenden geschieht um des Spendens willen und es liegt nicht in unserem Verantwortungsbereich, in irgendeiner Art und Weise einen Anspruch geltend zu machen. Das scheinbare Helfen wollen kleidet sich nicht selten ins Mäntelchen der Macht und erhebt im versteckten die eigenen sozialen Ansprüche. Eine regelmäßige und angemessene Spende kann im großen System des Ausgleichs das Wesen des inneren Gleichgewichts unterstützen. Dabei jedoch immer gleich die Anerkennung zu erhalten liegt allerdings nicht in unserem Ermessen, wie die nachfolgende Begebenheit beweist.

Sag Danke

Ein Tibeter und sein westlicher Freund spazieren durch die Straßen von Lhasa. Als die beiden einen Bettler erblicken, legte der Tibeter wortlos eine Münze auf das ausgebreitete Tuch. Der Westler tat ihm dieses nach und starrte darauf den Bettler in erwartungsvoller Haltung an. Sein Blick wurde vom Beschenkten nicht erwidert, worauf sich der Spender bei seinem einheimischen Kollegen über das Ausbleiben des Dankes beschwerte. Darauf sprach der Tibeter leise: »Nicht er hat zu danken, du musst es tun. Nicke ihm wohlwollend zu und bedanke dich still bei ihm, denn er gab dir eine Möglichkeit, Barmherzigkeit zu üben«!*

---

* Diese Geschichte beruht auf einem Erlebnis des Autors.

Arbeit und Beruf

Die Tatsache, dass wir einen großen Teil unserer Lebenszeit am Arbeitsplatz verbringen, führt uns deren Wichtigkeit vor Augen. Der alte Begriff »ora et labora«, bete und arbeite, weist noch darauf hin, dass es in alter Zeit durchaus als Privileg zu betrachten war, wenn man in der Gesellschaft berufen war, einen Arbeitsplatz zu bekleiden. Ein gutes Resultat zu erbringen, stand im Einklang mit dem Respekt sich selber gegenüber. Auch war es vielerorts üblich, sich jeweils einer Tätigkeit auf Lebzeiten zu verschreiben, was sich zum Teil bis ins ausgehende letzte Jahrhundert bewährt hat. Der Wertewandel führte uns hin zu einer vorwiegend materialistisch ausgerichteten Gesellschaft, die in den letzten Jahrzehnten neue Akzente gesetzt hat. Der Konsumanspruch führt uns immer mehr in das Spektrum des Lebens um zu Arbeiten, und verdrängt die qualitative Seite des Arbeitens, um zu Leben. Aus dem Beruf, einer tatsächlichen Berufung ist längst ein Job geworden, den es innert nützlicher Frist zu erledigen gilt. Vielfach nach dem Motto, mit dem kleinstmöglichen Aufwand den größtmöglichen Ertrag zu erzielen. Zudem wird verlangt, Geschäftliches von Privatem zu trennen. Eine Forderung, die sich im Alltag nur begrenzt umsetzen lässt. Dort, wo die Psyche tiefe schmerzliche Situationen erfährt, trägt sie deren Verletzungen durch den gesamten Alltag und somit in jeden Bereich unserer Aktivitäten.

Gerade in der Arbeitslosigkeit zeigt sich immer wieder, dass der seelische Anspruch, einen wertvollen Beitrag in der Gesellschaft zu leisten, nicht unterschätzt werden darf. Unbefriedigende, sinnlose Tätigkeit macht den Menschen auf Dauer physisch und psychisch krank. Nicht umsonst wird dosierte, den Ansprüchen angepasste Arbeit immer wieder in therapeutischen Maßnahmen erfolgreich angewandt.

Da wo Menschen unmotiviert und ziellos einer Aufgabe nachgehen, sinkt ihre Leistung, und der Respekt vor sich selber wird einer kritischen Prüfung unterzogen. Der Wandel unserer Zeit zwingt uns immer wieder auf's Neue, dass wir uns auf die sich verändernden Situationen und Möglichkeiten einstellen. Aus der Überlegung des inneren Gleichgewichts heraus erscheint die Art *wie* wir etwas machen, von größerer Bedeutung zu sein, als *was* wir tun!

Die heutige Zeit fordert Flexibilität und eine permanente Weiterbildung in jedem Bereich. Aus dem Bestehenden eine ausgefüllte Tätigkeit zu gestalten, kann dazu beitragen, den Stresspegel bei den täglichen Anforderungen geringer zu halten. Die nachfolgenden Merkpunkte wollen dabei als Orientierungspunkte eine konstruktive Hilfestellung bieten.

Merkpunkt 1
Klärung der beruflichen Ziele

Der Sinn unseres Lebens, leitet sich aus der persönlichen Werthaltung ab und definiert damit auch unsere Zielsetzungen.

Handlungen im Außen können als Konsequenzen dessen betrachtet werden, was uns im Innern antreibt. Je stärker wir die Werte verinnerlichen, desto konsequenter wirkt sich dies auf unser Verhalten aus. Wenn die Werthaltung, der Antrieb zu einer Zielerreichung fehlt, besteht die Gefahr, dass wir die Sinnhaftigkeit aus den Augen verlieren – ähnlich einem Autofahrer, der ohne klaren Bestimmungsort losfährt und bei der ersten Kreuzung sich seiner Orientierungslosigkeit bewusst wird.

Die Definition unserer Ziele soll die Sinnhaftigkeit unseres Tuns widerspiegeln. Die Frage nach Übereinstimmung unternehmerischer und persönlicher Zielsetzung eruiert die tatsächlichen Bedürfnisse und schafft eine entsprechende Haltung bezüglich der Motivation. Diese folgt, wie unsere Persönlichkeit, dem Gesetz des Wandels. Stets verändern sich erreichte Ziele, machen Platz für neue Herausforderungen und bewahren uns davor, auf erreichten Lorbeeren auszuruhen, der drohenden Leere, zu entgehen. Zielsetzungen verstehen sich als dynamische, durch Loslassen und Neuanfang geprägte Prozesse.

Wo zum Beispiel das Familienleben als erste Priorität kommuniziert wird, in der Praxis jedoch das Arbeitsfeld diesen Platz einnimmt, entstehen Spannungsfelder zwischen Realität und Vorstellung. Klare Ziele wirken aus sich heraus nur dort, wo sich Definition und Handlung gegenseitig unterstützen.

Ein schriftlich abgefasstes Ziel mit entsprechender Maßnahmenplanung kann dazu beitragen, Sensibilität und Offenheit bezüglich der eigenen Wünsche und Hoffnungen zu klären.

Eine offene Kommunikation aller Beteiligten schafft zudem die Grundlage zur Konsensfindung und erspart Enttäuschungen durch fehlgeleitete Erwartungshaltungen.

Merkpunkt 2
Zeit- und Arbeitsrhythmus

Zu den Errungenschaften der Zivilisation zählte man das Erschaffen eines zeitlichen Ordnungssystems, welches mit der Sonnenuhr ihren Anfang nahm und doch nicht verhindern konnte, dass die Zeit der Relativität unseres Bewusstseins unterliegt. Die eigene Wahrnehmung bestimmt, in welcher Zeitspanne wir etwas erleben. So können peinliche und unangenehme 10 Minuten wie eine Stunde erscheinen, während im selben Zeitraum glückliche Momente wie im Fluge vergehen. Albert Einstein kreierte dazu in Zusammenhang mit der Relativitätstheorie das nachfolgende Sinnbild: »Wenn man zwei Stunden lang mit einem netten Mädchen zusammensitzt, meint man, es wäre eine Minute. Sitzt man jedoch eine Minute auf einem heißen Ofen, meint man, es wären zwei Stunden – das ist Relativität«.

Planung und Arbeitsrhythmus setzen ein genaueres Verständnis von Zeit voraus. Der Mensch hatte Anfang des 15. Jahrhunderts begonnen, sich aus den naturgegebenen Zeitachsen zu lösen. Die natürlichen Rhythmen werden seither zugunsten der eigenen Bedürfnisse immer mehr in den Hintergrund gedrängt. Die äußeren Veränderungen wie Schichtarbeit etc. verlangen vom naturbestimmten Körper, vor allem in der westlichen Zivilisation, immer mehr Kompromisse. Vom morgendlichen Blick zum Wecker bis hin zur Spätausgabe der Tagesschau – unser Rhythmus wird durch das Phänomen der Zeit bestimmt.

Die Tatsache, dass im Laufe der Jahre der Faktor Zeit mit Geld aufgewogen wurde, brachte die Hast und Eile in den Alltag. Zeitsparen gilt seither als wertvoll und gerne nimmt man in Kauf, dass mit dem Anhäufen von Reichtum auch der Nutzen von freier Zeit auf ein Minimum reduziert wird. Die »dynamische Hektik« gilt längst als Teil der Gesellschaftsnorm und nur selten gelingt es uns in ruhigen Momenten zu erkennen, dass wir den Preis durch eine eingeschränkte Lebensqualität bezahlen.

Das Warten, das ursprüngliche Innehalten und Regenerieren ist im heutigen Alltag verpönt, wird sogar mit verlorener Zeit gleichgesetzt. Durch professionelles Zeitmanagement reorganisiert man das eigene Leben, um in kürzerer Zeit noch mehr Aufgaben zu bewältigen und betritt dadurch freiwillig die Treppe ins Hamsterrad.

Die Verbreitung von Hast und Unruhe führt zu einer Disharmonie gegenüber der eigenen Umwelt. Je eiliger wir es haben, desto langsamer erscheint uns das Umfeld. Stau, rote Ampeln, Lastwagen und der langsame Aufzug treten plötzlich als Ärgernis und mögliche Stressfaktoren in Erscheinung.

Keine Zeit zu haben ist jedoch immer das Privileg des Einzelnen. Diese oft zitierte Ausrede könnte aber auch zum Ausdruck bringen, dass man den zur Verfügung stehenden Zeitraum nur unzureichend nutzt. Immer wieder setzen Mitarbeiter und Führungskräfte das viele Arbeiten mit einer hohen Leistung gleich und vergessen dabei, dass kontinuierliche Überforderung auch ein erhöhtes Maß an Fehlern bewirkt.

Zeitplanung wird wesentlich durch Prioritäten beeinflusst. Eine objektive Sichtweise erleichtert das Treffen anstehender Entscheide. Immer wieder stoßen wir dabei auf die sogenannte Pareto Regel, welche besagt, dass 80 % der Arbeit in 20 % der Zeit ausgeführt wird. Die Wahl aus der Vielfalt allerdings setzt ein Maß an Kontinuität, Mut und Kenntnis der Materie voraus. So geht es darum Dringendes mit Wichtigem abzuwägen oder Eiliges von Zeitintensivem zu trennen. Das Führen einer traditionellen **Prioritätenliste** nach Numerierung und Gewichtung gegliedert, entspricht zwar nicht zwingend dem Computerzeitalter, erfüllt jedoch diszipliniert geführt ihren Zweck. Das Sicherstellen einer zweckmäßigen Terminkontrolle verringert zudem die Fehlerquote auf ein Minimum.

Eine sinnvolle zeitliche Strukturierung bereichert unsere Arbeitstage. Der bewusst gestaltete Arbeitsrhythmus, wörtlich das Gleichmaß an gegliederter Bewegung wird immer auch mit Ordnung in Zusammenhang gebracht. Konstruktive Maßnahmen bestehen darin, dass man sich im Verlaufe des Tages sogenannte **Zeitinseln** schafft. Die ersten 5 Minuten am Morgen dienen zum Beispiel dazu, sich den Tagesablauf zu überlegen, Prioritäten zu setzen, mögliche Schwierigkeiten ins Auge zu fassen und das Tagesziel zu bestimmen. Derselbe Prozess am Abend gilt dem betrachtenden Blick zurück. Was habe ich erreicht, was war gut, wo kann ich Verbesserungen anbringen, welche Erkenntnisse ziehe ich aus den Erfahrungen.

Dieser Prozess kann dadurch unterstützt werden, dass man eine klare **Trennung von Pausen und Arbeit** schafft. Dadurch eröffnet sich eine weitere Möglichkeit, den Lärm des Tages zu durchdringen und die Erkenntnisfähigkeit des Momentes zu fördern. Die Disziplin, eine unabdingbare Eigenschaft in der persönlichen Organisation, setzt Grenzen fest und bestimmt die Erreichbarkeit. Ebenso wird das Unvorhergesehene eingeplant, die Pünktlichkeit als Zeichen von Respekt vorgelebt, aber auch Verbindlichkeiten innerhalb und außerhalb des Arbeitsprozesses eingehalten.

Zeitnot

Ein Spaziergänger kam an Mulla Nasrudins Haus vorüber und erblickte den Hausherrn persönlich, wie er in ungeheurem Tempo seinen Zaun anstrich. »He Mulla!« rief der Mann. »Warum die Eile?«. »Es ist nur noch so wenig Farbe übrig«, keuchte Nasrudin, »dass ich fürchte, sie geht zur Neige, bevor der Zaun fertig ist!«.
Aus: *Also sprach Mulla Nasrudin, N. Hodscha, München 1993*

Merkpunkt 3
Lösung von Problemen

Prioritäten und Arbeitsrhythmus beeinflussen sich gegenseitig. Ein bisher nicht angesprochener Punkt stellt den Umgang mit Problemen dar.

Generell entscheidet bekanntlich der Stand unseres Bewusstseins darüber, ob ein entsprechendes Geschehen eine schlichte Situation, oder aber ein Problem darstellt. Diese gibt es immer nur für den Einzelnen, sie bilden individuell lediglich jene Prüfungen im Leben welche uns verdeutlichen wo wir stehen, und zeigen uns rückblickend immer wieder auf, wo sie stellvertretend zur Förderung der persönlichen Weiterentwicklung eingewirkt haben.

Die Suche nach Sündenböcken und unglücklichen Umständen wird zwar durch die breite Öffentlichkeit legitimiert, trägt aber in den wenigsten Fällen zu konstruktiven Lösungen bei.

Hinausgezögerte ungelöste Konflikte, welcher Art auch immer, kennzeichnen sich dadurch, dass sie durch eine zeitliche Verdrängung an destruktiver Energie gewinnen. Die Bequemlichkeit erweist sich meist als kurzzeitige Lösung, führt allerdings zu steigendem spannungsbeladenen Energieverschleiß.

Je mehr ich mich um das Unangenehme, im wahrsten Sinne des Wortes »nicht angenommene« kümmere, desto mehr Kummer bereitet es.

Anstehende Probleme durch einen kurzen zeitlich festgelegten Entscheidungstermin zu lösen, wirkt im Nachhinein zum Wohle aller Beteiligten.

Dienstleistung als Brücke vom Mitarbeiter zum Unternehmen

> Der Kunde/Gast ist der wichtigste Besuch in unserem Haus.
> Er ist nicht auf uns angewiesen, sondern wir auf ihn.
> Er unterbricht uns nicht bei der Arbeit.
> Er ist das Ziel unseres Wirkens.
> Er ist kein Fremder im Unternehmen, sondern der eigentliche Teil.
> Wir tun ihm keinen Gefallen, indem wir ihn bedienen, sondern er uns, indem er uns die Möglichkeit dazu gibt.
>
> *Mahatma Gandhi*

Die meisten Unternehmen erarbeiten sich ihren Ertrag über das Erbringen einer Dienstleistung. Dies geschieht dadurch, dass man für den Kunden produziert, eine Leistung erbringt oder Lösungsprozesse unterstützt. Immer aber steht für einen Erfolg das Abdecken von Bedürfnissen im Mittelpunkt der Aktivitäten.

Die primär wirtschaftlichen Interessen, der Griff nach dem schnellen Erfolg, drohen den Charakter echten Dienens zu verwässern. Die zweckorientierte Dienstleistung fragt nicht nach den Bedürfnissen des Kunden, sondern plant, wie man über das Produkt mit kleinstmöglichem Aufwand den maximalen Ertrag erwirtschaften kann.

Diese Gesinnung kann sich auf den Mitarbeiter übertragen, der seinerseits mit der Zeit ausschließlich an der Befriedigung eigener Bedürfnisse interessiert ist. Da mag der Anreiz von Bonuszahlungen bei Zielerreichung als kurzfristige Motivationsspritze Abhilfe schaffen. Bleiben allerdings die positiven Resultate aus, sinkt auch der Antrieb zur Mehrleistung, die doch gerade in solchen Momenten aber gefordert wird.

Die Konsequenz besteht darin, dass die Bereitschaft, eine gute Arbeit zu leisten nachlässt, Kundenreklamationen zunehmen, die Fehlerquote steigt und die Freundlichkeit zu wünschen übrig lässt.

Die optimale Wertschöpfungskette ergibt sich aus der Zufriedenheit von Mitarbeiter, Unternehmen und Konsument. Darauf wächst das Fundament motivierender Arbeitskräfte, leistungsfähiger Teams und überdurchschnittlicher Bereitschaft zum Dienen. Der Mensch beeinflusst als Herzstück des Unternehmens unmittelbar Produkt und Dienstleistung. Die Steuerung dieses Organes obliegt der Führung, deren Verantwortung darin besteht, ein bereicherndes Umfeld zu gestalten, worin der Mitarbeitern seinen Beitrag zum unternehmerischen Erfolg und inneren Gleichgewicht mitgestalten kann.

Echtes Dienen kommt einer Berufung gleich und steht dem Missbrauch der Macht diametral gegenüber. Die ursprüngliche Aufgabe eines Vorgesetzten besteht aus dieser Betrachtungsweise darin, dem Unternehmen zu dienen. Der Mitarbeiter übt einen Beruf aus, um sich dadurch zu verwirklichen und identifiziert sich über seine Arbeit, was sich in der Loyalität gegenüber dem Unternehmen wiederspiegelt. Das Verständnis, dass letztlich jeder für sich selber arbeitet erübrigt die Frage nach der Motivation. Wer will sich denn schon durch eine schlechte Leistung selber schaden!

»Wer in dieser Haltung verfährt weiß, was gut für's Geschäft ist und gerät nicht in Konflikt mit dem, was gut für den Geist ist. Um ein guter Mensch zu sein, braucht man nicht davon getrennt zu werden ein guter Geschäftsmann oder eine gute Geschäftsfrau zu sein. Wenn Verstand und Geist vollständig der Arbeit gewidmet werden, hat man die höchste Ebene der Teamarbeit erreicht.«
Mahatma Gandhi

Unternehmen und Organisationen im ganzheitlichen Kontext

Politik, Wirtschaft und das soziale Gefüge einer Gesellschaft bilden die Grundpfeiler eines staatlichen Gebildes, welches als unsichtbare Dynamik wirkt und sich in ihrer Konsequenz auf Ordnung ausgerichtet und wechselseitig beeinflusst. Ein langfristiger und erfolgreicher Bestand von Unternehmen und Organisationen setzt die Ausgewogenheit dieser Faktoren voraus. Eine offene Staatsform bietet dabei dem Einzelnen mehr Freiraum, bindet ihn aber gleichzeitig verstärkt in die Rolle der Eigenverantwortung ein. Eine primär nach materiellen Kriterien ausgerichtete Gesellschaft unterliegt einer permanenten Verlockung, in erster Linie nach Erfüllung von Eigeninteressen zu streben. Die Mentalität der ausschließlichen Selbstbereicherung, welche oft als erste Alarmzeichen einer Polarisierung des sozialen Gefüges auftreten, stürzt das System ins Ungleichgewicht. Es kann mit dem Krebsbild im menschlichen Körper verglichen werden, wo Zelle und Organ sich dem ordnenden Rhythmus widersetzen und durch den Anspruch auf die Vorherrschaft den Tod des Körpers respektive den Zusammenbruch der Strukturen herbeiführen.

Seit jeher ist uns bekannt, dass Wissen mit Macht gleichzusetzen ist, jedoch die Macht nicht zwingend auch das entsprechende Wissen voraussetzt.

Von Politikern und Unternehmensführern, Entscheidungsträgern eines Staatsgebildes, wird gerade in der heutigen Zeit des grundlegenden Wertewandels, ein hoher Grad an menschlicher Reife vorausgesetzt.

Unternehmerisches und politisches Handeln verlangen ein ganzheitliches, den übergeordneten Gesetzen folgendes Denken, was der Vorstellung der heutigen Globalisierungsthesen mindestens kritisch gegenübersteht.

Ordnungen in Unternehmen

Tausend Hände
Die am Werke
Munter sich bewegen
Doch das Werk ist nur ein Zwerg
Die Hände sind der Segen
H. Kükelhaus

Organisationen sind strukturierte Organismen welche gesetzmäßig funktionieren. Dabei steht das Klima, mitgestaltet durch den energetischen Haushalt der Mitarbeiter, in einem wechselseitigen Austausch zueinander.

Sichtbare und unsichtbare Ordnungen, formelle und informelle Hierarchien wirken im beruflichen Umfeld. Regeln der sozialen Bindung prägen die Haltung der Mitarbeiter und der Ausgleich von Geben und Nehmen in der täglichen Arbeit gilt als wesentlicher Bestandteil eines motivierenden Umfeldes.

Unausgewogenheiten in diesen Punkten führen, dem menschlichen Organismus ähnlich, zu Störungen im System und somit zu Problem- und Krisensituationen im Prozess von Mensch und Arbeit. Dabei bilden Werthaltung, gelebte Kultur und ethisches Verständnis das gesundheitliche Rückgrat eines Unternehmens.

Gandhi und der Zucker

Eine Mutter brachte ihre kleine Tochter zu Mahatma Gandhi. »Bitte, Mahatma«, flehte sie. »Sage meiner Tochter, sie soll aufhören, Zucker zu essen«. Der Mahatma besann sich und sagte: »Gute Frau, komm in zwei Wochen wieder mit deiner Tochter«. Verwirrt bedankte sich die Frau und sagte, sie würde tun, wie ihr geheißen. Nach zwei Wochen kam sie wieder mit ihrer Tochter. Gandhi schaute der Kleinen fest in die Augen und sagte: »Hör auf Zucker zu essen, denk an

deine Zähne und die Gesundheit«. Dankbar, aber ziemlich verwundert, fragte die Frau den Mahatma: »Warum sollte ich zwei Wochen warten? Damals hättest du ihr doch dasselbe sagen können«. »Vor zwei Wochen«, antwortete Gandhi, »habe ich selbst noch Zucker gegessen«.
Aus: Mein Leben, Mahatma Gandhi, Frankfurt 2004

Merkpunkt 1
Aufgaben der Führungskraft

Leitende Mitarbeiter in ihrer Rolle als Entscheidungsträger beeinflussen ihr Umfeld innerhalb und außerhalb ihrer Verantwortlichkeiten. Führungskraft im wörtlichen Sinne ist eine strömende Energie, deren Ausrichtung je nach Einfluss entsprechend wirkt. Der Vorgesetzte, der Leiter, diese Begriffe weisen bereits auf die Aufgabe der entsprechenden Funktion hin. Wer »davor sitzt«, jemanden führt, muss sich mit der Thematik des »Vorbildseins« auseinandersetzen.

Wo eigene Glaubwürdigkeit und Vertrauen, die beiden Schlüssel menschen-orientierter Führung fehlen, kann langfristig kein energetisch konstruktives Umfeld geschaffen werden. Der Dienst am Unternehmen, wirtschaftliches Gedankengut und das Wohl des Mitarbeiters bilden das Fundament für geschäftlichen und privaten Erfolg.

Führung beinhaltet einerseits Verantwortung zu übernehmen, Entscheidungen zu treffen und erfordert einen bewussten und maßvollen Umgang mit dem Druck der eigenen Position. Durch das Erarbeiten eines motivierenden Umfeldes muss es gelingen, mittels Fordern und gleichzeitigem Fördern Ziele zu erreichen und aktiv den Mitarbeiter in der persönlichen wie beruflichen Entwicklung zu unterstützen.

Geben können wir immer nur das, was wir selber schon haben. So stehen Weiterbildung und permanente Entwicklung der eigenen Persönlichkeit auch für das Management an oberster Stelle im Pflichtenheft. Eine Anforderung, die sich allerdings in der Praxis aufgrund mangelnder Zeitkapazität kaum umsetzen lässt.

Keine Zeit

Ein Kaufmann übte sich, um seinen Reichtum zu vermehren, im Fischen. Mit hastigen Bewegungen und mürrischen Worten versuchte er mit bloßen Händen sein Glück. Ein Schäferjunge, der sich auf einem kleinen Hügel dicht daneben zur Rast ins Gras setzte, beobachtete das merkwürdige Treiben. Nach einiger Zeit, sprach er den Fischer an: »Guter Mann, ich bin am Fluss geboren und kenne mich aus im Flechten von Netzen, das würde dir deine Arbeit erleichtern«. »Danke für die Hilfe«, sprach darauf der glücklose Kaufmann, »gerne würde ich auf deinen Ratschlag zurückkommen, aber wie du siehst, fehlt mir im Moment gerade die Zeit.

Aus: Idris Shah, *Die fabelhaften Heldentaten des weisen Narren Mulla Nasrudin*, Freiburg 2001

Der Chef prägt durch sein Wesen den Charakter seines Teams. Er kann somit immer auch als Spiegelbild eigenen Führungsverhaltens betrachtet werden.

Eigene Schwächen und Stärken des Chefs werden durch die Mitarbeiter über die Kraft wirkender Resonanz im Team verstärkt wirksam, und erzeugen somit jene Gruppendynamik, welche eigene Fehler kompensieren oder verstärken.

Aus der Sicht des Mitarbeiters:

Mein Vorgesetzter ist weder in der Lage mich zu motivieren, noch entscheidet er über meinen Leistungswillen. Er wirkt vielmehr über das Erarbeiten eines entsprechenden beruflichen Umfeldes konstruktiv oder destruktiv auf meinen Arbeitsprozess ein. Begeisterung und Freude in der Arbeit sind der Schlüssel für allseitigen Erfolg.

Merkpunkt 2
Die Werte im Unternehmen

Organisationsstrukturen weisen gewisse Parallelen zu jenen des Menschen auf. So steht bei beiden an erster Stelle die Frage nach der Werthaltung und daraus folgend die Frage nach deren Sinnhaftigkeit. Die oberste Gesamtzielsetzung eines Unternehmens findet sich im Leitbild wieder. Bedürfnisgerechte Formulierungen werden oft auch als Philosophie bezeichnet und definieren in erster Linie Wirtschaftlichkeit, Qualität und Dienstleistung innerhalb und außerhalb der Firma. Dieses oft auf Hochglanz gedruckte Statement der Unternehmensführung gilt als Wegweiser zu Wertschöpfung und künftigem Erfolg sowohl für die Mitarbeiter als auch für Kunden und weitere Dienstleister.

Im Idealfall zeigt eine daraus abgeleitete Strategie oder Vision mögliche Wege auf, wie gesteckte Ziele zu erreichen sind.

Aus der Sicht des Mitarbeiters:

Eine optimale Zusammenarbeit lässt sich nur dort umsetzen, wo die Werte des Unternehmens größtenteils mit den Meinigen übereinstimmen.

Ich bin weder bereit, meine Position über die eigene Person zu stellen, noch die Motivation von der Leistung abhängig zu machen. Beide Haltungen können mit zunehmendem Alter in gesundheitliche Schwierigkeiten führen und halten mich davon ab, mich weiterzuentwickeln. Ich will mich mit der zu leistenden Arbeit identifizieren und mich dadurch erleben. Da wo das Management eine Identifikation zwischen mir und dem Unternehmen verlangt, läuft es Gefahr, mich zu entmündigen und mir einen Teil der Eigenverantwortung abzusprechen.

Merkpunkt 3
Die Unternehmenskultur

Von außen betrachtet besteht ein Unternehmen in erster Linie aus einer Anhäufung technischer Apparaturen, toter Produkte und mit allerlei Papier gefüllten Büroräumen. Erst durch die Einbindung des Menschen wird diese Struktur zum Leben erweckt. Der Umgang, das Verhalten aber auch die Gestaltung der Arbeitsbereiche füllen den Lebensraum mit einer entsprechenden Stimmung. Diese wahrnehmbare Atmosphäre wird in vielen Fällen mit der Kultur in Verbindung gebracht. Der etymologische Begriff klärt und präzisiert im wörtlichen Sinne, dass es sich hierbei um die Pflege der menschlichen Güter sowie den Ausdruck einer geistigen Haltung gegenüber allem Lebendigen handelt.

Da wo Kultur im Einklang mit unternehmerischen Werten gelebt und spürbar umgesetzt wird, schaffen sich alle Beteiligten die Grundlage zu einem gesunden Klima am Arbeitsplatz.

Aus der Sicht des Mitarbeiters:

Das Innenleben des Unternehmens beeinflusst mein Verhalten am Arbeitsplatz. Ein positives Klima kann beflügeln, ein negatives bremst, senkt die Effizienz der geleisteten Arbeit und beschleunigt immer auch den Energieverlust.

Disharmonie zwischen der geforderten Werthaltung und gelebter Kultur verunsichern mich und können dazu führen, dem Unternehmen gegenüber eine destruktive Haltung einzunehmen.

Merkpunkt 4
Die Unternehmensethik

Die Verantwortung zur Umsetzung unternehmerischer Werte liegt primär bei den Führungskräften. Ihre Motivation zu handeln definiert sich nach moralischen oder ethischen Gesichtspunkten und wird über die Kultur spürbar nach Außen getragen.

Die beiden Handlungsweisen Moral und Ethik werden in Managerkreisen als strapazierte Worte mit vielerlei Interpretationspotential gedeutet. Den beiden Definitionen von Pythagoras folgend werden mögliche Unterschiede offensichtlich:

»Der **moralisch** motivierte Mensch verfolgt den Anspruch eines tugendhaften Lebenswandels. Dieser zielt in erster Linie darauf hin, den Anforderungen der Gesellschaft und den sozialen Gegebenheiten gerecht zu werden!

Dem gegenüber steht der **ethisch** motivierte Mensch, dessen Bestreben es ist, die eigene Seele in Analogie zu den geistigen Gesetzen zu ordnen«.

Diese beiden Spannungsaspekte tragen wesentlich dazu bei, dass sich Führungskräfte immer wieder eigenen Gewissenskonflikten gegenüberstehen, sich dieser Verantwortung aber Kraft ihres Amtes nicht entziehen können.

Nur da, wo aus Übereinstimmung von Gedanke Wort und Tat hinsichtlich unternehmerischer und persönlicher Werte gehandelt wird, kann ethische Führungsarbeit gelingen. Jede Störung des Zusammenspiels dieser drei Elemente führt zu Disharmonie und wirkt sich energetisch spürbar und destruktiv sichtbar am Arbeitsplatz aus.

Aus der Sicht des Mitarbeiters:

Aus der ethischen Handlungsweise des Vorgesetzten erkenne ich seine Motivation und spüre die Authentizität des Unternehmens. Die daraus so erwachsende Glaubwürdigkeit motiviert mich.

Merkpunkt 5
Formelle und Informelle Hierarchien

Unternehmensstrukturen werden durch hierarchische Gebilde geführt und zusammengehalten. Diese ordnenden Aspekte üben die Führungskräfte durch ihre Ämter und Positionen aus. Diese Funktionen dienen in erster Linie dem Wohl des Unternehmens und stehen erst sekundär mit der entsprechenden Person in Beziehung. Ähnliches gilt für die informellen Hierarchien, welche sich vielfach über den Konsens in einem Team bilden. Sie treten dort auf, wo Respekt und Achtung innerhalb des Unternehmens sichtbar verwurzelt sind. So genießen als Beispiel dienstältere Mitarbeiter gegenüber den Jüngeren unausgesprochene Privilegien etc.

Das Wort »Hieros archos«, das übersetzt die »Herrschaft des Heiligen« bedeutet, bringt dies in seiner tieferen Sinnhaftigkeit zum Ausdruck.

In der heutigen Zeit kennt man im Management drei Arten von Autorität, welche direkt oder indirekt mit der Hierarchie in Verbindung stehen oder diese maßgeblich beeinflussen:

a) *die fachliche Autorität*
Darunter fällt das erlernte, erfahrene und umgesetzte Fachwissen einer Person.

b) *die menschliche Autorität*
Hier finden wir alles, was jemand aufgrund seines Wesens, der Haltung in Form der menschlichen Kompetenz und Ausstrahlung als Mensch mitbringt.

c) *die formale Autorität*
Diese definiert sich durch die Bezeichnung der Position auf der Visitenkarte und drückt aus, welche Funktion die entsprechende Person im Unternehmen ausübt.

Fachliche- und menschliche Kompetenz bestimmen im Wesentlichen die Handhabung der formalen Autorität. Fehlt das eine, wird über das andere kompensiert. Fehlen beide, wird auf der Befehlsgewalt der Position bestanden und der Machtanspruch, resp. die Angst vor dem Versagen, wird zur Motivation des Handelns. Diese zeigt sich in Form des autoritären oder feigen, unterwürfigen moralisch motivierten Verhaltens. Somit wird die Darstellung des übersteigerten Anerkennungstrebens aus dem früheren Kapitel »Stress« vervollständigt.

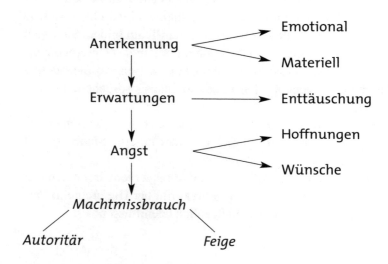

Die Verletzung formeller und informeller Hierarchiestrukturen in Unternehmen, wie das nicht Würdigen ausgetretener, respektlos entlassener oder gar »weggemobbter« Mitarbeiter, kann zu Problemsituationen führen, welche in vielen Fällen von nachfolgenden Arbeitskräften als plötzlich auftretende individuelle Krisen wahrgenommen werden.

Modernes Management setzt vermehrt auf flache Hierarchien und begründet dies unter anderem damit, über kurze Entscheidungswege und schlanke Betriebsstrukturen effizienter zu führen. In vielen Fällen steckt allerdings die versteckte Motivation dahinter, Kosten zu sparen, indem mehr Arbeit und Verantwortung auf immer weniger Leute verteilt wird. Wenn Vorgesetzte als Folgerung solcher Anpassungen mehr als 10–12 direkt unterstellte Mitarbeiter zu führen haben wächst die Gefahr allgemeiner Überforderung. Die Konsequenzen treffen meistens alle Beteiligten, sie tragen den unvermeidlichen Stress und Zeitdruck in den vielfältigsten Symptomen nach außen.

Um solchem Verhalten vorzubeugen, gilt es einen Rahmen zu schaffen, der es erlaubt, den individuellen Entwicklungsprozess auch innerhalb flacher Hierarchien in Einklang zu bringen.

Die Herausforderung an die heutige Führung besteht darin, den individuellen Aspekt der Persönlichkeit zu erkennen und entsprechend zu Handeln. Die Maxime des »alle gleich behandeln« setzt sich in der heutigen Zeit selbst in autoritären Systemen wie zum Beispiel der Armee oder Teilen der Industrie nur noch bedingt durch. So mag es sein, dass die eine Person erst über entsprechenden Druck eine Leistung erbringt, während bei einem anderen durch das klärende und offene Gespräch die gewünschte Wirkung erzielt wird. Die Kunst besteht für den Vorgesetzten darin, einerseits die beiden Menschen in ihrer Eigenart nicht zu verwechseln und verlangt andererseits die jeweilige »Führungstechnik« bewusst anzuwenden, was wiederum die Fähigkeit eines situativen Führungsstils voraussetzt.

Aus der Sicht des Mitarbeiters:

Ich beurteile meinen Vorgesetzten nach den Kriterien menschlicher Integrität. Ich bevorzuge eine transparente Führung mit klaren Leitplanken und stelle mich der Tatsache aber auch dem Anspruch, dass Fördern und Fordern einander bedingen.

Merkpunkt 6
Geben und Nehmen

Die Basis von Gleichgewicht und Ordnung liegt im Prinzip des Ausgleichs. Das einseitige Belasten am Symbol der Waage, führt dem Gesetze der Schwerkraft folgend, zur polarisierenden Unausgewogenheit. Dieses Bild entsteht im übertragenen Sinne überall dort, wo sich Geben und Nehmen nicht im Einklang befindet.

Wenn Unternehmen sich unrechtmäßig über falsche Deklaration von Produkten, unlautere Personalpolitik oder Misswirtschaft bereichern, beginnt das Gesetz der entsprechenden Resonanz zu wirken. Wer seine Dienstleistungen nach dem Grundsatz des kleinst nötigen Aufwandes zu größtmöglichem Ertrag anpreist, setzt sich der Gefahr aus, über kurz oder lang im minimalistischen Kundenverhalten die eigene Handlungsweise wiederzufinden. Wenn das Gehalt der Mitarbeiter nicht der erbrachten Leistung entspricht, werden sich diese in selbstgerechter Haltung belohnen, sei dies über reduzierte Arbeitsleistung, Krankheit, oder das Verbreiten einer destruktiven Stimmung bis hin zum Aneignen von Firmeneigentum.

Unausgewogene Investitionen, verfälschte Bilanzen, überteuerte Kundengeschenke, aber auch unangemessene Chefgehälter, finden sich im Nachhinein immer wieder als Erreger kranker Unternehmensstrukturen. Unregelmäßigkeiten welcher Art auch immer bringen zusätzlich auch die Beteiligten in eine Haltung der Schuld, welche sich über vermehrten psychischen Druck im Alltag manifestiert.

Es liegt ausschließlich in der Verantwortung der Führungskräfte, unter Einbezug vorhandener Ordnungen die Achtung und das ethische Verhalten im Unternehmen zu fördern, um die Grundlage des ganzheitlichen Erfolges sicherzustellen.

Aus der Sicht des Mitarbeiters:

Ich verfüge wie die meisten meiner Kollegen über einen ausgeprägten Gerechtigkeitssinn, den ich als verwurzeltes Volksgut seit vielen Jahren pflege. Die ausgewogene Wechselwirkung zwischen Geben und Nehmen bildet die Grundlage einer fairen geschäftlichen Partnerschaft. Die Verletzung solchen Verhaltens kann ich auf vielfältige Art kompensieren.

Die Ebene von Partnerschaft und Familie

Die Zugehörigkeit zu einer Sippe, der Austausch mit anderen, jede Art von Gruppengefühl zählt zu den hauptsächlichsten Grundbedürfnissen des Menschen. Das Geliebtwerden im Besonderen, die Suche nach Anerkennung und der Erkenntnis des »DU«, steht im Zentrum unseres innersten Strebens nach Harmonie und schließlich dessen, was wir als Liebe bezeichnen. Dort wo sie sich offenbart, wird seelische Ordnung spürbar. Wir erleben das Geheimnis frei fließender Energie, welche sich stets erneuert, die Welt in eine rosa Wolke einhüllt, Gewohntes auf den Kopf stellt und die Logik in den emotionalen Fluten versinken lässt. Wenn auch die Liebe mitunter blind macht, so gehört doch das zeitweilige Verschmelzen mit dem anderen, zu den emotional prägensten Sehnsüchten und Erfahrungen unseres Lebens.

Aristoteles sagte, dass die Liebe unter den Menschen als Ausdruck höchster kosmischer Kraft erlebt wird. Kaum ein Künstler, seien es Dichter, Schriftsteller, Komponisten oder Maler, konnten der Faszination dieses Mysteriums in ihren schöpferischen Werken widerstehen.

Doch die Liebe ist nicht nur die Geschichte von Paarbeziehungen. Über Jahrhunderte hindurch hat auch sie sich gewandelt, wurde missbraucht, verdrängt, dann aber auch wieder ins Zentrum irdischer oder metaphysischen Strebens gestellt.

Partnerschaft gestern

Die äußere Form heutiger Vorstellungen von Partnerschaft war unseren Vorfahren größtenteils fremd. In der Antike wurde die Liebe mit dem Göttlichen, Überirdischen gleichgesetzt. Eros, dem Liebesgott, Philia der Göttin der Freundschaft und schließlich auch Agape, der göttlichen, über alles strahlenden Liebe, wurde Ehre und Huldigung erwiesen.

Das Christentum sprach später in erster Linie von der Nächstenliebe und berief sich im Zweifelsfall ebenfalls auf das Himmlische. Ehen wurden, wie in anderen Konfessionen zu jener Zeit und zum Teil bis ins letzte Jahrhundert hinein, durch die Eltern arrangiert. Ein vages Umdenken fand erst in der Renaissance statt. So wurden auch der Frau Gefühle zugebilligt, was mit ein Grund gewesen sein dürfte, dass in der Romantik die Liebesheirat an Bedeutung gewann.

Im 19. Jahrhundert, durch Kriege und allerlei Not bedingt, raufte man sich in vielen Partnerschaften zusammen, die klassische Rollenverteilung legte Hierarchie und Ordnung fest. Konflikte wurden vorwiegend in der eigenen Seele ausgetragen und verschwiegen. Das Bild der heilen Welt in Partnerschaft und Familie wurde geboren und in traditioneller Weise bis in die heutige Zeit trotz zunehmender innerer und äußerer Veränderungen hochgehalten.

Partnerschaft heute

Wenn 42 % aller Ehen in den letzten Jahren allein in Deutschland und der Schweiz geschieden wurden, stellt sich die Frage, was denn schief läuft. Ist es die schnelllebige triebhafte Welt, der wir den Sündenbock zuschieben können? Unser stetig wachsender Egoismus der sich immer mehr auf Status und materiellen Reichtum fokussiert? Oder gar ein soziales Gefüge, das uns verleitet, Eigenverantwortung und individuelles Denken an den Staat zu delegieren?
Natürlich fließen in unserer Zeit eine Menge Einflüsse zusammen, welche zu dieser Zerrüttung geführt haben. Hollywood gauckelt uns das Happyend vor und blendet aus, wo die Realität beginnt. Mangelnde Konfliktbereitschaft sucht den Weg des geringsten Widerstandes, und die Rücksicht auf den Nachbarn scheint in der Anonymität des Treppenhauses verschwunden zu sein. Zudem lässt das auf Wirtschaft getrimmte Fortschrittsdenken Führungsverantwortung und traditionelle Pflege von Partnerschaft und Familie kaum mehr zu. Immer mehr rennen wir unausgesprochenen Erwartungshaltungen und »Ich-haften« Vorstellungen hinterher. Türen, um sich Verbindlichkeiten zu entziehen, gibt es genug und laden denn auch ein, fleißig genutzt zu werden.
Die Individualität wird mit einem teuren Preis bezahlt. Als wären es der Schwierigkeiten nicht genug, verwässert sich auch das traditionelle Rollenverhalten. Die altbewährte Hausfrau, der brave, durchschnittliche »Biedermann« haben ausgedient. Gleichberechtigung und neues Verteilen der gesellschaftlichen Rechte und Pflichten stürzt vor allem das männliche Geschlecht aufgrund mangelnder Definition in eine Sinnkrise. Über den Kampf um das eigene Männerbild, meist noch vom Vater geprägt, sieht man sich auf einmal häuslichen Pflichten gegenüber, wird aufgefordert nebst Kinderbeaufsichtigung auch noch Ge-

fühle zu zeigen. Andererseits sieht sich das Weibliche den maskulinen Attributen gegenüber und sucht seinerseits nach Lösungen, den »Mann« nach selbständigen Maßstäben zu stehen. Die Arbeitswelt zeigt erste Früchte solcher Bestrebungen. Wenn auch sehr bedächtig, unterscheiden Funktion und Hierarchie immer weniger zwischen Mann und Frau. Die Tendenz der Angleichung von Geschlechtern, das vermehrte Definieren über Beruf und Status fordern uns auf, traditionelle Werte in Frage zu stellen und sich neuen Lebensformen zu öffnen.

Die gute alte Zeit

Zwei Fischer sitzen am See und beraten über ihre missliche Lage. Die große Hitze, welche seit Wochen herrscht, hat ihnen den gewohnten Fang zunichte gemacht. Der Ältere von beiden schüttelt immer wieder den Kopf und kann nicht glauben, dass seine jahrelange Erfahrung, seine erworbenen Künste auf einmal nicht mehr zum Erfolg führen. Er zweifelt an sich und seinen Fähigkeiten.

Der Jüngere aber ist vom Können seines Handwerkes überzeugt und analysiert die Wetterlage und seine Folgen. Die Fische, so argumentiert er, ziehen sich bei dieser Temperatur in die Tiefe des Sees zurück, wo es kühler ist. Folglich setzt er das Blei mit dem Köder entsprechend tiefer und siehe da, der Erfolg ließ nicht lange auf sich warten. Der ältere seinerseits beharrte auf seiner bisherigen Technik, wunderte sich über den Erfolg seines Kollegen und dachte in einem Fort, früher ging es auch, es muss doch heute auch klappen...

(Markus Marthaler)

Resonanz und Partnerschaft

Gegensätze ziehen sich an, nennt es der Volksmund, wenn zwei offensichtlich ganz verschiedene Menschen zueinander finden. Auf den ersten Blick mag diese Betrachtung richtig sein, doch trifft die Aussage nur einen Teil der Wahrheit. Die Ordnungen denen unser Dasein unterworfen ist, sorgen dafür, dass wir immer mit jenen Situationen konfrontiert werden, welche der eigenen psychischen Reife entsprechen.

Diese Gesetzmäßigkeit wirkt auch im Stadium des Verliebtseins. So erlebt zum Beispiel ein introvertierter Mann durch die extravertierten Eigenschaften seiner Freundin eine völlig andere, ihn faszinierende Welt. Da beiden das ihnen Fehlende imponiert, entsteht das Bedürfnis sich anzunähern, um über Kompromisse gemeinsam am Beispiel der Intro- resp. Extraversion zu wachsen. Der Partner verkörpert also auf einer sachlichen Ebene vorerst nichts anderes als die eigenen zu bearbeitenden Themen in diesem Abschnitt des Lebens. Da dieser Mensch dem anderen diese Möglichkeit bietet, entsteht ein Liebesgefühl – das ein gegenseitiges Wachstum ermöglicht.

Der tiefere Sinn einer Partnerschaft richtet sich immer auf den inneren Kern des eigenen Wesens. Die Feststellung, dass mich am Schluss einer Beziehung jenes abstößt, was mich anfangs anzog, mag wohl ein Körnchen Wahrheit in sich tragen.

Wann immer eine Beziehung aus Aggression oder Hass auseinandergeht liegt die Vermutung nahe, dass anstelle einer Annäherung der beiden Gegensätze, eine Polarisierung stattgefunden hat. Wo anfangs der Reiz des extravertierten Offenseins, Spontaneität und Enthusiasmus faszinierte, bleibt am Ende Wut über die Rücksichtslosigkeit, das Übertriebene und Rastlose zurück – lediglich die andere Seite derselben Medaille. Die Weiterbearbeitung dieses unerledigten Themas wird dann in der Regel mit einem anderen Partner fortgesetzt.

Mögliche Aufgaben einer Partnerschaft

Es ist das Bestreben vieler Menschen, durch die Faszination der Liebe an einer Partnerschaft zu wachsen. Man schwört sich ewige Treue bis in den Tod, verspricht das Leben zu teilen, das doch durch die Hochzeit zu verdoppeln wäre, und gerät allzu leicht in Gefahr, das Mystische nach ichhaften Maßstäben zu formen.

Wo gibt es die Möglichkeit, sich selber mehr zu entdecken, was drängt uns mehr in die innere Verbindlichkeit und schenkt uns gleichzeitig die große Freiheit, wenn nicht die Gnade einer echten Partnerschaft zweier Menschen, welche bereit sind, an sich selber im Dienste dieser höheren Energie zu arbeiten?

Wo Menschen bereit sind, gemeinsam einen Weg zu gehen, steht das gegenseitige Wachsen, die Bewusstwerdung *vor* der Illusion des ewigen Glücks.

Eine gewichtige Voraussetzung für diese Art des Erwachsenwerdens besteht darin, den Stellenwert der Eltern würdig zu positionieren. Wenn eine Tochter ihre Mutter, der Sohn seinen Vater nicht annehmen kann, werden beide jene destruktiven Energien in die Beziehung einbringen. Ebenso verhält es sich, wenn die Tochter den eigenen Vater idealisiert. Sie wird später kaum den Mann finden, der ihren vorgegebenen Ansprüchen genügen wird. Ebenso ergeht es dem Sohn, der noch an die eigene Mutter gebunden ist. Da diese ihn nicht freigegeben hat, wird auch er nur schwerlich eine gleichberechtigte Partnerin finden. Jeder bleibt so seiner infantilen Haltung treu und verpasst die Möglichkeit über die Beziehung an sich zu wachsen.

Gerade diese Arbeit aber ist eine der Grundvoraussetzungen, mit einem anderen Menschen eine gegenseitig stimulierende Zeit des Wachstums zu verbringen. Das vielgepriesene Glück begleitet uns auf dem Weg und wartet nicht am Ziel. So vergleicht Krishnamurti die Liebe in einer Partnerschaft mit der immer lebendigen Gegenwart, das für die Partner Offenheit und Bereitschaft zu stetem Wandel bedeutet. Die Aufgaben wachsen mit den Jahren heran, nach dem lodernden Feuer ist es die Glut, die das Herz des Menschen zu erwärmen vermag.

Giftstoffe in Beziehungen

Viele, vor allem junge Menschen, binden sich zu Zeiten ihres Lebens, wo sie derart mit sich selbst beschäftigt sind, dass sie aus eigener Unsicherheit heraus ihr Heil in einer momentan glücklichen Verbindung suchen. Wer allerdings nicht bis zu einem gewissen Grade in sich selber ruht, kritisch Stärken und Schwächen erkennt, eingesteht und bearbeitet, fokussiert seine Wünsche und Vorstellungen unbewusst mit Vorliebe in den Partner. Wer nicht allein stehen kann, vermag auch nicht mit einem anderen zusammenzustehen. Wer nicht in der Lage ist, sich selber zu lieben, kann Liebe kaum weiterzugeben, noch schwieriger sie empfangen, ohne dabei in eine emotionale Abhängigkeit zu geraten. Vielfach wird Partnerschaft primär durch die eigenen Erwartungen definiert, wobei man unbewusst gleichzeitig den anderen dazu verpflichtet, Fehlendes zu kompensieren. Wo Vertrauen fehlt wird Sicherheit gesucht, lauert somit die Angst, und buhlt ein jeder schlussendlich um seinen Teil der Anerkennung. Diese Haltung macht sich mit der Zeit in den 4 Giften des »SEBB Prinzips« bemerkbar:

Symbiotische Verschmelzung

Das Gefühl nicht mehr ohne den anderen sein zu können, bestimmt das eigene Handeln und verstärkt die eigene Unselbständigkeit. Gemeinsam ist man stark, das sich selber aufgeben, sich in den Schatten des andern stellen, verhindert den Lernprozess und führt in die Abhängigkeit. Stirbt ein Partner, wird einem das große Loch bewusst und man verspürt den Wunsch, dem anderen gleich hinterher zu folgen oder der Welt gänzlich zu entsagen.

Eifersucht

Der Drang nach eigenem Besitz macht auch beim Partner nicht Halt. Wer den anderen besitzen will, nimmt das Recht für sich in Anspruch, auch die Kontrolle zu übernehmen. Der Partner wird dadurch entmündigt und die Basis der Gleichwertigkeit zerstört. Die Wurzel der Eifersucht liegt in der eigenen Minderwertigkeit und verdeckt die Ursache, welche in der Angst des nicht »genügen Könnens« zu finden ist.

Überall sieht man Konkurrenz oder mag dem anderen wenig gönnen, woran man nicht auch teilhat. Freiheit und Verantwortung des Partners werden mangels Vertrauen hinter die eigenen Wünsche und Ansprüche gestellt.

Begrenzung

Mangelndes Selbstwertgefühl ist es wiederum, wenn der Anspruch besteht, den anderen zu dominieren und ihn so auf sanfte Art in die Abhängigkeit zu führen. Man entmündigt das Gegenüber, beginnt unscheinbar für den anderen zu denken, zu entscheiden und schließlich auch zu Handeln – man will ja nur das Beste – dieses allerdings wird auch gleich selber bestimmt. Folgen davon finden sich auch im nächsten Punkt wieder.

Bedingungen

Wo immer Bedingungen an eine Beziehung geknüpft werden, weist dies in deren Konsequenz auf die Beschränkung der Freiheit hin, was ein Absterben dessen bedeutet, wofür Liebe eigentlich steht. Das Schaffen von Abhängigkeiten fördert im besten Falle das Aufrechterhalten einer Zweckgemeinschaft. Wenn du mich liebst, dann ... wenn du gehst, bring ich mich um ... all diese Anzeichen weisen auf ein missverständliches Verstehen der Partnerschaft hin und deuten vielfach den Beginn eines psychotischen Verhaltens hin.

Bei all diesen destruktiven Verhaltensweisen spielt die Minderwertigkeit oder übertriebenes Anerkennungsstreben die tragende Rolle. Das sich aufgeben, im wahrsten Sinne des Wortes »zurückkrebsen« führt einerseits zur Einschränkung der Werthaltigkeit einer Beziehung und wird andererseits der Verantwortung für das eigene Leben nicht gerecht. Nicht zu vergessen aber bleibt die Tatsache, dass zur Ausübung dieser Verhaltensmustern immer beide Partner ihren Teil dazu beitragen.

Merkpunkt 1
Gemeinsame Ziele

Eine Motivation definiert sich erst durch deren Zielsetzung. So kann es hilfreich sein, sich über einige Regeln, Vorstellungen und Erwartungen zu unterhalten, bevor man ein Stück des Lebensweges gemeinsam mit einem anderen Menschen gehen will. Dieser sich stetig entwickelnde Prozess wird sich über die Klärung gemeinsamer Werte immer wieder neu gestalten und kann als Grundlage der späteren Gründung einer Familie dienen.

Mann und Frau sind an sich sehr verschieden. Gemeinsamkeiten genießen daher einen besonderen Stellenwert, denn jeder verbringt seinen Alltag in einer teilweise völlig anderen Welt, die ihn prägt, erfreut aber auch belastet. Das Besprechen und Definieren der nachfolgenden Fragen, kann einen konstruktiven Beitrag leisten, gerade diesen Punkt bewusst zu bearbeiten:

- Welche Werte definieren unsere Partnerschaft
- Welche Aktivitäten wie Sport, Tanzen etc. wollen wir gemeinsam in regelmäßigen Abständen wahrnehmen; wie gestalten wir unsere gemeinsame Zeit generell
- Wie schaffen wir eigene Freiräume, Zeit also die jeder für sich alleine nutzen kann
- Durch welche Zuständigkeiten ordnen wir den normalen Alltag

- Wie gehen wir damit um, wenn jemand Außenstehendes in unsere Beziehung tritt
- Was geschieht, wenn ungeplant eine Schwangerschaft eintritt
- Wie regeln wir unsere Finanzen, ohne das Gleichgewicht von Geben und Nehmen zu verletzen
- Wie gestalten wir langfristig unsere Sexualität

Merkpunkt 2
Streitkultur und Kommunikation

Eine Beziehung wird sich über kurz oder lang mit Krisen und Problemen auseinandersetzen müssen. Krisen bedeuten im lat. auch Chancen, bilden jene Prüfsteine, welche uns sowohl Standpunkt als auch Möglichkeiten zur weiteren Entwicklung aufzeigen.

Wenn Tiefe, Respekt und Vertrauen gegenüber dem anderen besteht, kann sich eine Streitkultur kreativ entfalten. Dies setzt allerdings ein hohes Maß an Kritikfähigkeit und den Willen zum Wachstum voraus. So erlebt man nach einer ernsthaften, überstandenen Krise, eine positive Veränderung in der Beziehung.

Dieser Fortschritt wird aber nur da möglich sein, wo sich beide der achtsamen Kunst der Kommunikation bedienen. Diese besteht darin, den andern »dort abzuholen, wo er sich gerade befindet«, also präsent und offen zu sein und auch die nonverbalen Ausdrücke zu deuten. Immer wieder zeigt auch die Erfahrung vor allem bei den anderen natürlich, dass sich in aufgewühlter Stimmung keine konstruktiven Dialoge führen lassen. Auch der Abend eignet sich energetisch nicht besonders, Wichtiges nach einem arbeitsreichen Tag noch schnell zu bereden.

Die Bedeutung ernsthafter Kommunikation drückt sich im Zeitraum aus, den ich bereit bin, dafür aufzubringen. So empfiehlt es sich auch hier ähnlich dem Arbeitsbereich, Unangenehmes zeitig zu erledigen, die Aussöhnung aktiv anzugehen, um damit den destruktiven energetischen Einflüssen zu entgehen.

Beziehungen werden laufend neu ausgehandelt und jederzeit besteht die Möglichkeit, dass Ereignisse positiv oder destruktiv Einfluss nehmen. Diese Tatsache lässt sich nicht verhindern, doch kann durch regelmäßig wiederkehrende Gespräche am inneren Gleichgewicht der Partnerschaft gearbeitet werden. Durch das Wiederholen nachstehender Fragen über einen definierten Zeitraum kann ein Erkenntnisprozess im Gang gehalten werden, der als stärkende Wirkung die Verbindung vertieft:

- Habe ich mich in letzter Zeit verändert / woran erkennst du das
- Was magst Du in letzter Zeit besonders an mir
- Wodurch spürst du meine Gefühle zu dir
- Was hat uns in den letzten Monaten weitergebracht / was gehemmt
- Wie sieht unsere Beziehung in 2 Jahren aus, wenn sich ab heute nichts mehr verändern würde
- Wo setzen wir in den nächsten 3 Monaten unsere Prioritäten

Merkpunkt 3
Geben und Nehmen

Anders als im Kapitel unternehmerischer Ordnung, wo sich Unausgewogenheiten primär über materielle Konsequenzen auswirken, verhält sich dieser Punkt in der Beziehung. Hier steht das Nehmen im Vordergrund. Jeder Partner sollte über eine kritische Eigenbetrachtung erst einmal sich selber akzeptieren können, so wie er ist.

Das »sich Nehmen können«, auch mit sich »ausgesöhnt sein« bildet eine wichtige Voraussetzung, einem echten zwischenmenschlichen Austausch die entsprechende Achtsamkeit entgegenzubringen.

Diese auf den ersten Blick egoistische Haltung verhindert, dass Bindungen aus eigener Labilität heraus eingegangen werden. Diese Mängel führen früher oder später dazu, den anderen meistens unabsichtlich für die eigenen Unzulänglichkeiten verantwortlich zu machen. Aus dem schleichenden Alltag heraus kann die Gefahr entstehen, dass der eine glaubt mehr zu geben, der andere sich missbraucht fühlt, oder schuldbeladen denkt, nicht genug geben zu können. Diese Vielfalt emotionaler Wirren, unausgesprochener Erwartungen enden dann meist in Isolation und Frustration. Da fühlt sich plötzlich der eine für das Glück des anderen zuständig, fühlt Mitleid und stellt sich so unmerklich über den anderen. Eine echte heranreifende Partnerschaft weiß um das Grundbedürfnis von Ebenbürtigkeit und verträgt kein Ungleichgewicht.

Merkpunkt 4
Umgang mit Sexualität

Das sexuelle Verhalten gehört nebst dem Tod zu den weitverbreitetsten Tabus in unserer westlichen Gesellschaft. Die Überbewertung oder Verdrängung erleben wir täglich in Schlagzeilen aus den Massenmedien und als Konsequenz im überaus florierenden Wirtschaftszweig der Sex- und Pornoindustrie

Der gesunde Bezug zum eigenen Körper ermöglicht es, Sexualität als liebende Sprache zweier Menschen auf der körperlichen Ebene zu erleben. Dieser sicht- und spürbare Fluss der Energien entspricht symbolisch dem Erwachen im spirituellen Bereich, das in der Wiedervereinigung männlicher und weiblicher Pole seine höchste Stufe erreicht. Da die materielle Ebene jedoch der quantitativen Zeit unterworfen ist, sind diese Höhepunkte von kurzer Dauer und doch von langer Sehnsucht geprägt. Die gewohnten, auf Besitz fixierten Denkstrukturen, aber auch die Unterschiedlichkeit männlicher und weiblicher Bedürfnisse lassen rasch individuelle Tabus entstehen.

Eine sich abzeichnende disharmonische Entwicklung in der Beziehung wirft oft über ein verändertes Sexualverhalten ihre Schatten voraus. Dabei treten Verweigerung oder Fremdgehen als häufigste Ursache auf. Das Zurückziehen auf der körperlichen Ebene beeinflusst den seelischen Aspekt. Es verlangt gerade in dieser Phase von beiden einen wahrhaftigen gegenseitigen Austausch, wenn man die Beziehung in ihrer Tiefe nicht auf's Spiel setzen will. Bei einem auf den Körper fixierten Seitensprung ohne emotionale Bindung kann, aber muss nicht zwingend, eine Unstimmigkeit in der Partnerschaft vorliegen. Eine Beichte drängt sich oft vorschnell auf, um die wachsenden Schuldgefühle verschwinden zu lassen. Dies bedeutet aber auch einen Teil der Verantwortung auf den Partner zu übertragen, statt diese bei sich selber zu spüren und auszuhalten. Das regelmäßiges Fremdgehen allerdings, das von der Selbstbestätigung bis zur Flucht vor sich selber die verschiedensten Gründe umfasst, schwächt und strapaziert mit jedem Mal das Fundament der Beziehung.

Das Überwinden der Feigheit weist den Weg zur Ehrlichkeit. Dies bedeutet Unerfülltes und Verdrängtes zur Sprache zu bringen um es damit bereichernd in die Beziehung zurück zu tragen.

Die Familie

Mit der Geburt eines Kindes verabschiedet sich das bisherige Beziehungsverhalten, ein neues Muster tritt auf den Plan. Die traute Zweisamkeit wird nie mehr so sein wie vorher. Die entstandene Familie setzt zusätzliche Energien frei, fordert andere Spielregeln und erfährt einen neuen Lebensrhythmus. Die Rollenverteilung verlangt nach einer klaren Definition und fordert beständige Strukturen.

Die Kenntnisse über das Elternwerden sind ausschließlich über das »Learning by doing« zu erwerben. Die neue Situation wird prüfen, ob die erwähnte Ablösung und Integration der eigenen Eltern vollzogen ist, oder ob man in dieselben Rollen schlüpft und sich die eigene Familiengeschichte wiederholt. Ebenso wird sich weisen, inwieweit bisher verdrängte Bedürfnisse und Erwartungen in verantwortungsvoller Mission dem eigenen Nachwuchs weitergegeben werden. Ein Phänomen, das die Psychologie bereits seit Jahrzehnten gespannt verfolgt und nun auch am Beispiel des Essverhaltens festzustellen ist, wie eine wissenschaftliche Studie an einer schwedischen Hochschule belegt:

An der Universität Umea belegte der schwedische Sozialmediziner und Epygenetiker Lars Olov Bygren die erstaunliche Erkenntnis, dass die Essgewohnheiten der Großväter unmittelbar das Leben und das Erkrankungsrisiko der Enkel beeinflussen. Hatte der Opa zu viel gegessen, dann erkrankten die Enkel viermal häufiger an Diabetes und Herz-Kreislauf-Erkrankungen mit entsprechendem hohem Todesrisiko. Musste der Großvater hingegen in seiner Jugend hungern, dann lebten seine Enkel länger und neigten weniger zu Herzinfarkten und Schlaganfällen. Wir sind also nicht nur durch unser Essen, sondern auch über Denken und Handeln den Vorfahren oft viel näher als wir glauben!

Großvater und Enkel

Es war einmal ein steinalter Mann, dem waren die Augen trüb geworden, die Ohren taub, und die Knie zitterten ihm. Wenn er nun bei Tische saß und den Löffel kaum halten konnte, schüttete er Suppe auf das Tischtuch, und es floss ihm auch etwas wieder aus dem Mund. Sein Sohn und dessen Frau ekelten sich davor, und deswegen musste sich der alte Großvater endlich hinter den Ofen in die Ecke setzen, und sie gaben ihm sein Essen in ein irdenes Schüsselchen und noch dazu nicht einmal satt; da sah er betrübt nach dem Tisch, und die Augen wurden ihm nass. Einmal auch konnten seine zittrigen Hände das Schüsselchen nicht festhalten, es fiel zur Erde und zerbrach. Die junge Frau schalt, er sagte aber nichts und seufzte nur.

Da kaufte sie ihm ein hölzernes Schüsselchen für ein paar Heller, daraus musste er nun essen. Wie sie da so sitzen, so trägt der kleine Enkel von vier Jahren auf der Erde kleine Brettlein zusammen. »Was machst Du da?« fragte der Vater. »Ich mache ein Tröglein«, antwortete das Kind, »daraus sollen Vater und Mutter essen, wenn ich groß bin«. Da sahen sich Mann und Frau eine Weile an, fingen endlich an zu weinen, holten alsofort den alten Großvater an den Tisch und ließen ihn von nun an immer mitessen, sagten auch nichts, wenn er ein wenig verschüttete!

(nach einem Märchen der Brüder Grimm)

Unsere Kinder sind wohl mit einem eigenem Charakter und Schicksal ausgestattet, darüber hinaus aber auch Teil einer Gemeinschaft, die ihresgleichen von Generation zu Generation weiterträgt. Durch die Arbeit an uns selbst unterstützen oder verunsichern wir das seelische Erwachsenwerden des Kindes. Vor allem aber in den ersten Lebensjahren darf der Einfluss der Erziehung dieser jungen Geschöpfe nicht unterschätzt werden, einer Zeit also, wo man vielfach gerade mit sich selbst beschäftigt ist.

Im Verantwortungsbereich der Eltern liegt es, den Entwicklungsprozess eines Kindes über das entsprechende Umfeld zu fördern. Diese lebt zu einem großen Teil davon, dass man über die gesunde Autorität zum Kind eine Basis schafft, welche in den Händen von Vertrauen und Glaubwürdigkeit ruht. Die Fähigkeit Werte zu vermitteln, Rituale einzuhalten, aber auch entsprechende Grenzen zu setzen, prägen die psychische Konstitution und werden sich im weiteren Verlaufe des Lebens über die Stärke der heranwachsenden Persönlichkeit konstruktiv auswirken.

Das Familiengefüge als ganzheitlicher Organismus unterliegt ebenfalls ordnenden Kräften, die im täglichen Leben wirkend ihren Ausdruck finden und daher besonders beachtenswert sind.

- **In einer Familie steht der andere Elternteil in der Hierarchie vor dem Kind** – Wo immer das Kind in eine kompensatorische Rolle gedrängt wird, verletzt dies den energetischen Haushalt der Paarbeziehung. Diese Missachtung der Ordnung überfordert das Kind und kann zu verletzenden Abweisungserlebnissen des außenstehenden Partners führen.
- **Eheprobleme gehen die Kinder nichts an** – Offen ausgetragene Kämpfe überfordern das seelische Gefüge des Kindes, das beide Eltern gleichermaßen liebt. Entscheidungen und Konsequenzen sollten, in einem gebührenden zeitlichen Abstand zur emotionalen Stimmungslage, kommuniziert werden – wenn dieser Punkt missachtet wird überträgt sich die Haltung auf die Kinder. Das löst mit ihnen oft Streitigkeiten aus, da sie sich dem Konflikt des Partei »ergreifen müssen« ausgesetzt fühlen.
- **Keine Schuldzuweisungen** – Wenn das Kind zum Kurier der Versöhnung oder als Klagemauer eines Elternteils missbraucht wird, stürzt man dieses in eine seelische Verzweiflung. Das öffentliche Verurteilen des anderen motiviert das Kind, durch Schlichtungsversuche das Gleichgewicht der Familie zu erhalten. Eine Handlungsweise die das Kind als traumatisches Erlebnis künftig im Gepäck auf seinem Lebensweg mittragen wird.

- **Rituale und zeitliche Strukturen** – Diese symbolischen Eigenschaften dienen als wertvolle Orientierungshilfen im täglichen Familienleben. Sie können dazu beitragen, die inneren Strukturen des Kindes zu festigen. Dabei steht nicht die zeitliche Quantität im Vordergrund, sondern deren Qualität wie auch eine angemessene Kontinuität. Das Family and Work Institute in New York zeigt in einer Studie von 1000 befragten Schulkindern auf, dass sich über die Hälfte der Kinder mehr Strukturen und weniger übermüdete, erschöpfte und dadurch gereizte Eltern wünschten ...

Die Ebene von Abschiednehmen und Loslassen

All das, was uns im Leben widerfährt, ist als Ausdruck der linearen Zeit Anfang und Ende unterworfen. Intellektuell lässt es sich mit dieser Konsequenz bis zum Moment der eigenen Betroffenheit gut leben. Wenn unser Dasein einige Jahre lang nach den eigenen Wünschen und Erwartungen verläuft, geraten wir leicht in Versuchung, das Erfahrene als Selbstverständlichkeit hinzunehmen.

Wenn das Unerwartete dann doch geschieht, wirft uns die Gesetzmäßigkeit ewigen Wandels auf uns selbst zurück. Mit einem Mal wird deutlich, dass Veränderung und somit auch Bewegung im Wesentlichen unser Dasein prägt.

Etwas Fehlendes haben zu wollen, Bestehendes nicht loszulassen, bilden den Urkeim dessen was wir als Leid empfinden.

Jeder Schmerz erschüttert das Fundament unseres Wesens, prüft die Standhaftigkeit innerer Stärke und öffnet gleichzeitig auch die Türe zu neuen Räumen unserer Seele. Man fühlt sich in solchen Phasen oft allein, missverstanden, wir verlieren den Boden unter den Füßen, der Nebel will nicht weichen und die Stimmen der Umwelt hallen als fernes Echo kaum an unser Ohr. Dieses Loslassen des Gewohnten, der Gedanke für immer davon getrennt zu sein, zwingt uns zu einer schutzlosen bisher ungewohnten offenen Verletzlichkeit.

Auch schmerzliche Veränderungen durchdringen die gewohnte innere Ordnung und brechen Verborgenes auf. Wenn auch alles, was geschieht vorüber geht, bleiben doch Gefühle von Wut, Trauer oder Angst zurück.

Die Trauer

In unserer schnelllebigen Gesellschaft ist kaum mehr Platz dafür, der Trauer jenen Zeitraum zu gewähren, den die Seele zum Akzeptieren und Aussöhnen eines Verlustes oder Abschieds für sich in Anspruch nehmen möchte. Ob wir geliebte Menschen oder auch den Arbeitsplatz verlieren, wir hadern und ringen um den tieferen Sinn oder logisches Verstehen. Trauer lässt sich im allgemeinen in sechs Phasen aufgliedern:

- **NEIN** Nach einem ersten Schock der Realität, steht der Betroffene dem nicht wahrhaben Wollen gegenüber. Was ist, darf nicht sein, die Hoffnung schürt den Wunsch, endlich aus diesem Traum zu erwachen, um festzustellen, dass die Geschehnisse nicht stimmen.
- **WUT** Es regt sich die Wut, man stellt sich die Frage des »Warum gerade ich« lehnt sich gegen das Schicksal auf, beginnt mit sich selber zu hadern. Am Ende bleibt eine erste erschöpfende Resignation. Es folgt die Suche nach Schuldigen, der Körper beginnt über verschiedenste Symptome zu reagieren und man gerät in Versuchung, sich durch Tabletten, Alkohol oder außerordentliche Aktivitäten zu betäuben.
- **VERHANDLUNG** Die emotionale Verunsicherung wird durch das Konstrukt intellektueller Thesen verdrängt. In Gedanken beginnen Verhandlungen, man versucht einen Pakt mit sich selbst, einer höheren Macht oder nahestehenden Menschen zu schließen. Bei Krankheiten gerät man vielfach in Versuchung, durch verschiedenste Versprechen das Unheil abzuwenden.
- **DEPRESSION** Die weitere Auseinandersetzung führt durch das permanente Fokussieren der Gedanken zu einer Ermüdung von Körper und Geist. Rückzug und depressionsähnliche Zustände offenbaren eine Hilflosigkeit im Umfeld. Das

Mitgefühl dringt kaum zum Betroffenen vor – das beklemmende Gefühl als Angehöriger und Beteiligter etwas falsch zu machen, versäumtes nachzuholen führt als Auslöser immer öfter zu zwischenmenschlichen Spannungen.

- **EINSICHT** Nach hartem Kampf, wo sich die bisher beschriebenen Phasen in kürzester Zeit wiederholen, kann der Mensch die Kraft übergeordneter Gesetzmäßigkeiten erspüren, welche ihn zur Akzeptanz der realen Begebenheiten führt. Innere Gelassenheit, Apathie oder auch Einsicht lassen den Betroffenen zur Ruhe kommen. Tiefgründige Gespräche und Erfahrungen mit der Außenwelt schaffen einen ersten Zugang zum Geschehen und entspannen die bisherige Unberechenbarkeit der Situation.
- **AKZEPTANZ** Die Krise ist überwunden. Das Geschehen wird größtenteils akzeptiert. Das innere Zustimmen ermöglicht die Aussöhnung. Der Betroffene vermittelt einen ungezwungenen Umgang mit seiner Situation und verunsichert sein Umfeld, indem er dieses zu Beschwichtigen versucht und nun seinerseits Trost spendet. Was immer nun kommt, am Schluss des verarbeiteten Trauerprozesses steht die Bereitschaft zum Aufbruch für das Neue.

Das Sterben von Menschen

»Bedenkt den eigenen Tod, den stirbt man nur, doch mit dem Tod der anderen muss man leben«. Dieses Zitat aus dem Gedicht »Memento« von Mascha Kaleko, führt uns eindrücklich vor Augen, dass der Abschied eines geliebten Menschen uns zwingend auch auf die eigene Vergänglichkeit zurückwirft.

Dieses Ereignis, vielfach als Drama erlebt, spielt sich auf verschiedenen Ebenen ab. Einerseits spürt man die Verzweiflung, ein Wesen für immer verloren zu haben, andererseits schmerzt auch die Erkenntnis des eigenen Verlustes. Nicht selten wird ein Abschiedsprozess nebst Trauer und Mitleid auch von Wut begleitet. Diese entsteht dadurch, dass nicht die Dankbarkeit gegenüber dem, was wir durch den Verstorbenen empfangen haben, im Mittelpunkt steht, sondern die scheinbare Ungerechtigkeit, das Materiell motivierte nicht loslassen zu wollen.

Diese vorwiegend im Westen praktizierte und auf Verdrängung gebaute Einstellung erschwert den natürlichen Prozess des Loslassens.

Merkpunkt 1
Der Abschied

Immer mehr Krankenhäuser, Heime und Hospize sind darum bemüht, das würdevolle Sterben wieder möglich zu machen. Angehörigen und Freunden bietet sich vermehrt die Gelegenheit, einen geliebten Menschen in den Tod zu begleiten. Dieses Privileg, das mit einer Haltung von Mitgefühl und Respekt für den Betroffenen eine große Hilfe sein kann, bietet darüber hinaus auch die große Chance, sich ausgesöhnt zu verabschieden. Ein Privileg das sich in der Trauer bereichernd auswirken könnte.

In einem Sterbeprozess lösen sich die einzelnen Elemente des

Körpers, was unter anderem dazu führt, dass durch die Aktivierung der feinstofflichen Ebene, ein Austausch anwesender Menschen über die Gedankenebene stattfinden kann.

Das Denken am Totenbett kann dadurch wie gesprochene Worte empfangen werden. Es empfiehlt sich daher, Ich-haftigkeit und Mitleid, großen Schmerz oder persönliche Ängste auszugrenzen, oder aber falls dies emotional nicht möglich ist, den Raum zum Schutze aller zu verlassen.

Viele Sterbende ziehen es ohnehin vor, den Moment des Todes dann zu wählen, wenn sie für eine kurze Zeit allein gelassen werden. Wenn auch für die Schulmedizin der letzte Atemzug den Tod bedeutet, muss diese Aussage nicht zwingend auch dem seelischen Aspekt des Menschen gerecht werden. Eine Totenwache von einigen Stunden, falls vom Verstorbenen nichts anderes verfügt, ist eine gegenseitige Hilfe zum Abschiednehmen und kann wie folgt gestaltet werden:

- Verdunkeln des Raumes.
- Den Oberkörper des Verstorbenen mit einer roten Rose schmücken.
- Eine aus reinem Bienenwachs bestehende Kerze spendet dezentes Licht.
- Lesen oder Vorspielen eines eventuell gewünschten Textes, Gebetes oder Musikstücks.
- Ermöglichen eines kurzen Abschiedsbesuches gewünschter oder nahestehender Personen. Halten Sie diese an, dem Verstorbenen mit aufbauenden Gedanken zu begegnen, um ihm so das Loslassen der äußeren Hüllen zu erleichtern.

Gehaltvolle Sterberituale, wie sie unsere Vorfahren noch pflegten, sind heute aus vielen Gründen kaum mehr möglich. So bleibt es uns in den meisten Fällen auch nicht vergönnt, den Menschen über 72 Stunden in der vertrauten Umgebung aufzubahren. Doch vielleicht bewirkt eine positive Haltung auch nach dem Ableben des geliebten Menschen weitaus mehr, als wir ahnen.

Merkpunkt 2
Die Loslösung

Je nach Verlauf der Krankheit ist der Tod eines geliebten Menschen auch für die Hinterbliebenen eine Erlösung. Diese oft überraschend wahrgenommene Erkenntnis gesteht man sich aufgrund von Scham- und Schuldgefühlen nicht immer zu. Wenn die Aussöhnung allerdings würdig stattgefunden hat, ziehen sich diese Emotionen nach einem kurzen Zeitraum zugunsten des Abschiedsprozesses zurück.

Jeder hinterbliebene Mensch sollte sich seine Zeit des Abschiednehmens individuell gewähren dürfen, ohne allerdings seine Eigenständigkeit zu verlieren. Die Trauer ist ein gemeinsamer Aussöhnungsakt zwischen Verstorbenen und noch Lebenden. Wenn Trauer an sich auch keine Krankheit ist, besteht doch die Gefahr, dass sich durch das Verdrängen des Geschehens Symptome entwickeln. Rituale, das meint bewusste feierliche Handlungen welche im Zusammenhang mit dem Loslassen des Verstorbenen stehen, tragen dazu bei, den Loslösungsprozess heilvoll zu gestalten.

- Im Kreislauf eines Kalenderjahres bis zum ersten Todestag des Angehörigen kann man an speziellen Daten, welche durch markante Ereignisse geprägt waren, durch eine rituelle Würdigung daran teilhaben lassen.
- Suchen Sie sich Orte der Kraft, um den Prozess der inneren Ruhe zu ermöglichen. Unternehmen Sie am frühen Morgen ausgedehnte Spaziergänge in der Natur, am Wasser oder in den Bergen. Besuchen Sie Kathedralen oder andere Orte der Stille.

Merkpunkt 3
Das eigene Leben

Schwierige Phasen in unserem Leben katapultieren uns in den meisten Fällen aus dem inneren Gleichgewicht, sie konfrontieren uns bedrohlich mit unseren eigenen Grenzen und Möglichkeiten des Daseins. Latent sind wir daher der Gefahr ausgesetzt, uns dabei selber aufzugeben oder gar zu verlieren. In Krisensituationen steht daher die Achtung der eigenen Persönlichkeit ganz weit auf der inneren Prioritätenliste. Dazu gehört in erster Linie ein achtsamer Umgang mit sich selbst, die Kontaktpflege zu Familie und Freunden, aber auch dem Bewusstsein die Rolle im sozialen Gefüge weiterhin aktiv wahrzunehmen. Trotzdem verstärkt sich die Trauer und im wiederkehrenden Alltag verspürt man die Einsamkeit des Herzens in seiner vollen Härte. Oftmals helfen soziale Institutionen, aber auch Gesprächspartner mit ähnlicher Leidensgeschichte, das Geschehene bewusst zu verarbeiten. Auf keinen Fall aber sollen Einwände und Vorschläge von Dritten die Trauerarbeit beeinträchtigen. Das eigene Akzeptieren, Verarbeiten, Versöhnen, aber auch Loslassen führen schließlich dazu, das künftige Leben neu auszurichten und bereichernd zu gestalten.

- Fassen Sie den Mut zum Alleinsein, schaffen Sie sich damit Raum zu Klarheit und Entscheidungsfähigkeit, das Wesentliche ist das eigene Leben, die früheren Begleiter haben es lediglich bereichert.
- Strukturieren Sie den Alltag und fordern Sie notfalls Disziplin von Körper und Geist.

Verlust des Arbeitsplatzes

Unabhängig von Hierarchien und Unternehmen, kann es jeden Mitarbeiter treffen, dass er von einem Tag auf den anderen am Arbeitsplatz nicht mehr erwünscht ist. Wenn auch die Art und Weise der Kündigung sowie die persönliche Einstellung gegenüber der Tätigkeit individuell wahrgenommen wird, erlebt man diese Form des Abschieds oft auch als einen »kleinen Tod«. Der Umstand unterscheidet sich gegenüber dem Sterben dadurch, dass nicht eine höhere Macht, sondern Menschen aus für den Betroffenen manchmal unerklärlich scheinenden Gründen diese Situation herbeigeführt haben. Entsprechend lässt sich über ein derartiges Ereignis mehr spekulieren und es bildet gleichzeitig einen Nährboden für emotionale Reaktionen.

Verlust des Arbeitsplatzes heißt nicht nur finanzielle Einbußen, sondern vielmehr stehen Status, Ansehen und in Führungspositionen auch Macht auf dem Spiel. Ausgewechselt zu werden, wird in der Welt der Gewinner als persönliches Versagen gewertet. Selbstwertgefühl und inneres Vertrauen sehen sich einer harten Probe ausgesetzt.

Rechtfertigungen und präzise Schuldzuweisungen verändern weder die aktuelle Situation noch tragen sie dazu bei, die Verantwortung des gegenwärtigen Zustandes zu übernehmen. Gerade in einer solchen Lebensphase sind Übersicht und Reife gefragt. Die nachstehenden Anhaltspunkte sollen als Hilfestellung dazu beitragen, über äußere Veränderungen den anstehenden Wandel zu vollziehen, um das künftige berufliche Leben neu auszurichten.

Merkpunkt 1
Akzeptieren der Situation

Das Annehmen der veränderten Situation ist gleichbedeutend mit dem ersten Schritt zur Aussöhnung. Das Klagen als verstecktes Ringen um Verständnis und Zuwendung verschwindet dadurch ebenso wie jede Form der destruktiven Kritik. Das klare sachliche *Kommunizieren* der Realität erzeugt im Umfeld mehr Verständnis und kann Türen zu neuen Möglichkeiten aufstoßen. Die offene Haltung gestattet gerade im Familienbereich eine bewusstere Auseinandersetzung und ermutigt das Zusammenrücken, das wiederum als wesentlichen Rückhalt positiv auszustrahlen vermag.

Merkpunkt 2
Arbeitsrhythmus

Wenn am »Tag danach« das Klingeln des Weckers ausbleibt, die Gestaltung der kommenden Stunden nicht mehr durch äußere Verpflichtungen verplant sind, beginnen quälende Gedanken ihre Arbeit. Schlechtes Gewissen, Sinnfragen oder auch ganz einfach Langeweile deuten auf erste Anzeichen einer depressiven Grundhaltung hin.

Wenn zusätzlich der Ehefrau die vorgeschlagenen Neuerungen im Haushalt unerwünscht sind, fühlt man sich in seiner Nutzlosigkeit vollends bestätigt.

Solchen Irrtümern und Stimmungen kann frühzeitig Einhalt geboten werden, indem man sich einen *klaren Tagesablauf* gestaltet. Dabei sollten zeitlich jene Strukturen im Vordergrund stehen, die dem bisher gelebten und gewohnten entsprechen. Disziplin beugt der Nachlässigkeit vor und wer bisher als Angestellter funktionierte, findet sich nun in der Rolle des »selbständigen Unternehmers« mit all den Vor- und Nachteilen wieder.

Merkpunkt 3
Arbeitsplanung

Die zentrale Frage stellt sich nun, wie der momentane »Berufsalltag« sinnvoll und zweckmäßig ausgefüllt werden soll. Trotz all den misslichen Umständen für die jeweilige Situation, steht das Streben nach eigenem Wohlbefinden, der positiven Ausstrahlung im Mittelpunkt. Wer eine neue berufliche Herausforderung sucht und dabei nicht in seiner Kraft steht, vermittelt diesen Eindruck durch sein Auftreten und vermindert damit seine Chancen auf einen neuen beruflichen Erfolg.

Die nachstehenden Punkte zeigen mögliche Ansätze einer sinnvollen Arbeitsplanung auf und wollen dazu beitragen, eine positive Resonanz sowohl innerhalb als auch außerhalb des Umfeldes aufrechtzuerhalten.

- Setzen Sie sich ein konkretes Tagesziel, das bei Erreichen den Erfolg sichtbar macht. Nehmen Sie sich dafür morgens zur Planung und abends zur Rückschau je 5 Minuten Zeit und führen Sie ein klar strukturiertes Logbuch.
- Integrieren Sie in Ihrem Tagesprogramm eine auf Ihren Leistungsstand ausgerichtete körperliche Fitnessaktivität. Setzen Sie auch hier klare Ziele bezüglich einer Verbesserung des Wohlbefindens. Seien Sie achtsam bezüglich der Ernährung und halten Sie Maß mit jeglicher Art von potentiellen Suchtmitteln.
- Verschicken Sie täglich mindestens 5 Bewerbungen, gehen Sie aktiv auf die Unternehmen zu, bieten Sie Ihre Tätigkeit kostenlos auf Probe an. Konzentrieren Sie sich dabei vorwiegend auf jene Tätigkeiten, die Ihnen entsprechen, und auf denen ihre persönlichen Stärken beruhen.
- Gönnen Sie sich täglich einen definierten Zeitraum, den Sie individuell zum Faulenzen nutzen. Unternehmen Sie Dinge, die Ihnen Spaß machen.
- Erarbeiten und Pflegen Sie Kontakte im Außen, orientieren

Sie diese über Ihre Situation, schließen Sie sich im Idealfall netzwerkartig mit anderen Menschen zusammen. Beraten Sie mit Ihnen gemeinsam mögliche Lösungsansätze. Seien Sie präsent und kreativ in Ihrem Alltag. Verfolgen Sie hartnäckig jede noch so aussichtslose Möglichkeit. Überbetonter Stolz und Hochmut erweisen sich in dieser Lage als wenig hilfreich.

- Eine Charakteristik schwieriger Zeiten liegt in der erhöhten Sensibilität und Empfänglichkeit für die wahren Werte des Lebens. Besuche von Weiterbildungsseminaren im fachlichen, wie persönlichkeitsbildenden Bereich können einen Beitrag dazu leisten, die Struktur der Persönlichkeit zu festigen. Krisen tragen, wie bereits an früherer Stelle erwähnt, aus ihrem Entscheidungszwang heraus die größten Möglichkeiten in sich, das eigene Leben konstruktiver zu gestalten.

Erstellen Sie verschiedene Krisenszenarien, welche nach einem zeitlichen Stufenplan gegliedert sind und unter anderem auch das finanzielle Budget berücksichtigen. Setzen Sie Maßnahmen fest, welche Sie im »schlimmsten Fall – dem worst case« umsetzen werden.

Scheidung

Wenn heute auch mit den Werten ewiger Treue und Verbundenheit weniger traditionell umgegangen wird, so muss dies nicht zwingend mit oberflächlicher Einstellung und Nachlässigkeit in Verbindung gebracht werden. Das sich wandelnde Rollenverständnis, die wirtschaftlichen Anforderungen, die Tendenz zu vermehrtem Egoismus aber auch mehr Ehrlichkeit gerade gegenüber sich selbst, beeinflussen heutige Beziehungen.

Bei einer Scheidung sterben nicht nur Erwartungen, sondern auch Vorstellungen und gemeinsame Visionen. Der entstandene Schmerz äußerst sich zwar individuell, wird aber vielfach auf der emotionalen Ebene über Wut und/oder Ohnmacht erlebt. Wenn es heißt, dass denjenigen die Schuld trifft, der geht, der Schmerz aber beim Verlassenen zurückbleibt, so ist dies nur ein Teil der Wahrheit. Die Realität besteht wohl eher darin, dass beide Partner ihren Teil zum Bruch beigetragen haben. Es gilt auch hier, dass gegenseitige Schuldzuweisungen kaum zu einer Aussöhnung einer problematischen Situation beitragen. Der Pfad des Lebens bleibt uns die meiste Zeit über verborgen – so entpuppen sich vermeintliche Katastrophen im Nachhinein als glückliche Fügungen. Oder wie der Volksmund humorvoll ausdrückt: Manch einer hätte sich viel Ärger ersparen können, wenn er gleich zu Beginn die zweite Frau geheiratet hätte.

Merkpunkt 1
Aussöhnung in der Partnerschaft

Nicht zuletzt wird die Tiefe und der Respekt einer Partnerschaft bei deren Trennung offenbar. Wo wahre Liebe wirkt oder gewirkt hat, bleibt für Hass, verletzten Stolz oder gar Missgunst wenig Raum. Wo immer Menschen sich innerlich wirklich berührt haben, sollte es möglich sein, auf einer verständnisvollen Ebene auch in Zukunft miteinander zu kommunizieren. Elementar wichtig wird dies, wenn Kinder aus dieser gemeinsamen Zeit hervorgegangen sind. Die Liebe der Eltern kann wohl zerbrechen, in diesen Fällen aber bleibt die Bindung immer bestehen – dieser Tatsache gilt es auch im Rahmen der Verantwortung Rechnung zu tragen

Wenn Ich-Haftigkeit, Stolz oder gar Neid uns daran hindern, einen Abschied würdevoll zu beenden, tragen wir eine hemmende Last mit in den neuen Lebensabschnitt. Zudem erhöht sich damit auch gleichzeitig die Chance, bei einer nächsten Partnerschaft sozusagen als Geschenk das Thema der gescheiterten Beziehung erneut mit in die Verbindung einzubringen.

Eine große Möglichkeit für einen konstruktiven Ausgang liegt in der Bereitschaft eines bewussten und mutigen Dialoges jedes Einzelnen:

- Regelmäßige Kommunikation mit dem Offenlegen des eigenen Standpunktes.
- Eingestehen von Ungereimtheiten und Lügen aus der Vergangenheit, um auf einer anderen Ebene einen Neuanfang zu ermöglichen.

Wo dies im Moment aufgrund zu starker Verletzung des einen oder anderen Partners nicht möglich ist, soll das Versäumte zu einem späteren Zeitpunkt unbedingt nachgeholt werden. Jede echte Partnerschaft hat ein echtes Ende verdient.

Das dadurch angestrebte Aussöhnen einer beendeten Beziehung erhöht die Chance, dass sich die Partner in kommenden Bindungen positiv erleben können, um so die Erfahrungen im neuen Leben konstruktiv einzubringen.

Merkpunkt 2
Umgang mit Schuldgefühlen

Im Abschnitt »Abschied von Schuld und Reue« wurde bereits eingehend auf die Konsequenzen von Schuld und Reue hingewiesen. Im Zusammenhang mit Scheidungen treten die Schuldgefühle immer wieder als destruktive Kräfte in Erscheinung. Die Gründe sind vielfältig, entstehen oft unterschwellig und meist ohne böse Absichten.

Das nicht Loslassen wollen bietet beiden Partnern die Gelegenheit, weiterhin auf das Verhalten des anderen Einfluss zu nehmen. Dies hindert sie daran, frei zu werden. Damit laufen sie Gefahr, die eigene Person unter den Scheffel zu stellen oder sich aufgrund mangelnder Konsequenz selber zu bestrafen. Dieses disharmonische Verhalten wird von den Kindern rasch wahrgenommen und zum eigenen Vorteil genutzt. Dies geschieht meistens über Ansprüche im materiellen Bereich, was wiederum den anderen Elternteil in eine erzieherisch schwierige Situation bringt.

Eine vollzogene Scheidung verändert die Verantwortlichkeit gegenüber dem Partner. Keiner ist dem anderen mehr Rechenschaft über die Gestaltung seines Lebens schuldig, solange es den Einflussbereich des Kindes nicht tangiert. Die vorhandenen Verbindlichkeiten reduzieren sich einerseits auf den materiellen Aspekt, andererseits auf die erzieherischen Belange.

Einer der wesentlichsten Punkte einer Scheidung besteht darin, diesen Schritt auch innerlich mit all ihren Konsequenzen wirklich zu vollziehen.

Die Bedeutung dieses Schrittes offenbart sich meistens erst zu einem späteren Zeitpunkt im normalen Alltag. Ein Abschied fordert ein hohes Maß an innerer Bereitschaft und gelingt oft nur über eine reflektierende Hilfe von außen.

Kinder wollen keine Feiglinge als Vorbilder, sie suchen offensichtlich oder versteckt immer die führende Hand durch Liebe und Anerkennung innerlich gesunder Eltern.

DU TRÄGST SIE NOCH?

Tanzan und Ekido wanderten eine schmutzige Straße entlang. Zudem fiel auch noch ein heftiger Regen. Unterwegs trafen sie ein hübsches Mädchen in einem kostbaren Seidenkimono, das die Straße überqueren wollte, aber nicht konnte. Kurz entschlossen nahm Tanzan sie auf den Arm und trug sie über den Schmutz. Ekido sprach kein einziges Wort. Als sie aber zur Nacht einen Tempel erreichten und Rast machten, konnte er nicht länger an sich halten. »Wir Mönche dürfen Frauen nicht in die Nähe kommen«, sprach er zu Tanzan, »vor allem nicht den jungen und hübschen. Es ist gefährlich. Warum tatest du das?« »Ich ließ das Mädchen dort stehen«, erwiderte Tanzan. »Trägst du sie noch immer?« (Östliche Weisheit)

Merkpunkt 3
Verhalten gegenüber den Kindern

Kinder lieben tief im Innersten beide Elternteile. Das Auseinanderbrechen der Familie sowie die folgende Neuorientierung wird für den Nachwuchs als starke seelische Verunsicherung erlebt.

Dieses Argument benutzen viele unglückliche Paare als Motiv, um eine Scheidung zugunsten der Kinder zu umgehen. Ein hoher Preis, bedenke man, dass die Eltern ihren Kindern dadurch ein entsprechendes Bild einer auf Kompromissen und Vernunft aufgebauten Partnerschaft vermitteln. Da darf man sich später nicht darüber wundern, dass Liebesbeziehungen der eigenen Kinder nicht gelingen!

Das Loslassen einer Liebesbeziehung strapaziert unsere innere Stabilität. Wann immer Kinder von solchen Trennungen betroffen sind, besteht die Gefahr, diese stellvertretend für das eigene Unvermögen aus Unachtsamkeit durch starkes emotionales Einbeziehen zu überfordern, oder sie ganz zu vernachlässigen.

Durch das Aussöhnen mit dem scheidenden Partner wird den Kindern eine gute Grundlage geschaffen, das Auseinanderbrechen der Familie innerlich zu verarbeiten. Wesentlich spielen dabei folgende Punkte eine wichtige Rolle:

- Die Eltern informieren wahrhaftig und ehrlich die Kinder, sind ihnen aber über die Hintergründe der Trennung keine Rechenschaft schuldig.
- Wer vor den Kindern den anderen Elternteil schlecht macht, offenbart dessen Missachtung und stürzt das Kind in ein schwerwiegendes Dilemma.
- Das offensichtliche Ablehnen des anderen Elternteils heißt auch immer einen Teil des Kindes nicht zu akzeptieren. Diese neigen intuitiv dazu, sich mit dem scheinbar Schwächeren zu verbünden und verstärken dadurch die Eigenschaften des abgelehnten Partners.

In geklärten Verhältnissen spüren die Kinder ihre Lebenskraft und selbst wenn der Traum der glücklichen Familie nicht mehr existiert, muss dies nicht zwingend deren innere Stabilität zerstören. Immer wieder weisen Studien darauf hin, dass Scheidungskinder aus einem gesunden Umfeld heraus keinesfalls unselbständiger oder lebensuntüchtiger wären als jene aus intakten Familien – oft ist sogar das Gegenteil festgestellt.

Merkpunkt 4
Ordnungen in »Patch-work«-Familien

Die hohen Scheidungs- und Trennungsraten sind im Begriffe, das Familien- und Gesellschaftsleben neu zu definieren. Eine dieser neuen Erscheinungen bildet sich in der Form des Patchwork, da jeweils der eine, oder auch beide Partner, Kinder in eine neue Beziehung mit hineinbringen. Diese neuen »künstlichen« Gebilde wirken bereichernd und interessant, sind jedoch in ihrer

Brisanz nicht zu unterschätzen. Da wo natürliche Ordnungen fehlen, neigen wir dazu neue, nach individuellen Maßstäben ausgerichtete Leitlinien zu gestalten. So empfiehlt es sich auch hier, ganz offen zu kommunizieren und entsprechende Ordnungen zu beachten:

- Die Rollenverteilung der neuen Partner und deren Kindern muss ganz klar geregelt sein. Wo die gegenseitige Akzeptanz fehlt, wird ein gemeinsames Zuhause wenig Freude bereiten.
- Das leibliche Kind steht in der familiären Ordnung immer vor dem neuen Partner.
- Das Annehmen einer neuen Vater- resp. Mutterrolle muss dem Rhythmus und Einverständnis des leiblichen Elternteils und des Kindes angepasst werden.
- Negative Rede, Verurteilen und Lästern gegenüber dem fehlenden Elternteil darf im neuen Familiengefüge keinen Raum finden. Kinder werden den Abwesenden in Schutz nehmen und sich in irgendeiner Weise auflehnen – oder sich mit den Äußerungen solidarisieren und sich zum eigenen seelischen Schaden vom Betreffenden abwenden.
- Eine positive Grundstimmung motiviert die Kinder zudem, den nicht anwesenden Elternteil regelmäßig zu besuchen oder den Kontakt nach festen Strukturen zu gestalten, um ihn damit in das eigene Leben zu integrieren.

Gedanken zum Lernprozess

Wenn durch die beschriebenen Ebenen das Bedürfnis entstanden ist, prophylaktische Maßnahmen im Alltag zu integrieren, verlangt dies eine Veränderung bisheriger Gewohnheiten. Das Verständnis des daraus resultierenden Lernprozesses beruht auf verschiedenen Faktoren mit all seinen Herausforderungen, die nachstehend näher beschrieben werden.

Zum Fundament des Lebens gehören Mut und Vertrauen. Dies meint aus innerer Stärke bewusst im Hier und Jetzt zu stehen, aber auch seine Möglichkeiten richtig ein- und abzuschätzen. Da Misstrauen und Angst den Gegenpol zum Vertrauen bilden, stellt das Lernen die wertvollste Möglichkeit dar, am Selbstvertrauen zu arbeiten, wie das nachfolgende Beispiel vom Prinzip her darstellen will:

Sie wollen einen Fernseher mit der entsprechenden DVD-Anlage installieren. Hinten auf den Geräten befinden sich warnende »Totenkopf – Spannungskleber«, welche uns zusätzlich zum herrschenden Kabelsalat verwirren. Nun sind sie in einer Lage, die Verunsicherung, aber auch Angst auslöst. Falls das Bedürfnis groß genug ist, diesen Zustand aktiv zu verändern, beschaffen sie sich logischerweise eine Bedienungsanleitung oder suchen jemanden, der sich mit der Materie auskennt und sie entsprechend instruiert. Die Nutzung dieser Möglichkeiten schafft nun die Voraussetzung, ein vertrautes Verhältnis in die Handhabung der Anlage zu gewinnen.

Der Grund, warum sich so viele Menschen mit dem freiwilligen Lernen schwer tun, ist vielfältig. Die Palette der Ausreden beginnt mit dem Argument des Zeitmangels, dem des Setzens anderer Prioritäten oder auch der fehlenden Einsicht in die Sinnhaftigkeit anstehender Aufgaben.

So entscheidet in vielen Fällen der Leidens- resp. Notwendigkeitsdruck über den Grad der Lernbereitschaft. Er zwingt uns, durch eine plötzlich veränderte Ausgangslage Bestehendes zu hinterfragen und sich der Veränderung zu stellen. Der einsetzende Lernprozess transformiert bisher verborgene Inhalte ins Bewusstsein und erwirkt dadurch dessen Erweiterung.

Das Leben ist ein Wechselspiel. Während eine Instanz uns immer wieder antreibt, neue Richtungen einzuschlagen, versuchen die trägen Kräfte an altvertrauten Wegen festzuhalten. Wenn wir aber das Privileg erhalten, aus eigenem Antrieb und persönlicher Einsicht etwas zu verändern, sollten wir diese Möglichkeit nutzen. Es mag dabei hilfreich sein, einige nachfolgend beschriebene Merkpunkte zu beachten. Diese erheben nicht den Anspruch auf Vollständigkeit, sondern wollen lediglich auf mögliche Gefahren während des Lernprozesses hinweisen. Denn wo das Leben uns die Freiheit des Lernens beschneidet, zwingt es uns zu reagieren. Für theoretisches Abwägen bleibt dann in der Regel kaum mehr Platz übrig.

Die Erkenntnisse von Stress und deren Bearbeitung, die prophylaktischen Maßnahmen zum angestrebten inneren Gleichgewicht, fordern die Offenheit gegenüber der vertrauten Art und Weise eigener Lebensführung. So steht am Anfang jeder Veränderung die Frage nach der Motivation.

Merkpunkt 1
Die Frage nach der Motivation

Aus der Motivation leitet sich das Wollen ab und führt zur Zielsetzung des Lernprozesses. Dabei steht die innere Haltung im Vordergrund, welche wiederum an den Willen geknüpft ist. Aus Kindertagen kennen wir die Beispiele zweckorientierten Lernens wie zum Beispiel: »Wenn du die Aufgaben gemacht hast, darfst du draußen spielen. – Da die Suppe gesund ist, darfst du erst dann vom Tisch, wenn sie aufgegessen ist« etc. Die Motivation Aufgaben zu lösen resp. Suppe zu essen diente nur dem Zweck Spielen zu gehen und vom Tisch aufzustehen. Das eine zu tun, um das andere zu erreichen, nennt sich zweckorientierte »extrinsische« Motivation und bleibt in seiner Form auch immer von den Einflüssen des Außen abhängig. Wer im späteren Leben zu trinken aufhört, um seinen Partner nicht zu verlieren, eine gute Arbeit macht, um lediglich Geld zu verdienen oder den Vorgesetzten zu gefallen, Freunde aus falschem Pflichtgefühl einlädt, um sie nicht zu verärgern, steckt nach wie vor in diesem Muster.

Die Grundhaltung echter Motivation liegt darin, etwas zu tun, weil man es aus dem inneren Verständnis heraus tun will. Das Wissen um die Kraft dieser Einstellung fördert die Erkenntnis des konstruktiven Egoismus, wo es darum geht, den Lernprozess primär bei sich selber in Gang zu setzen. Wenn wir wirklich ehrlich sind, so wissen wir eigentlich, dass alles, was wir tun, letztlich dem eigenen Wohle dient. Wir arbeiten, damit es der Familie gut geht, weil ihr Wohlergehen auch *uns* gut tut. Wir üben einen Beruf aus, um *uns* darin zu verwirklichen und nicht um dem Unternehmen einen Gefallen zu tun. Die Qualität der Arbeit hängt somit nicht mehr von außen ab, sondern wird zu einem Bekenntnis wo immer wir stehen, aus eigenem Antrieb heraus das Beste zu geben.

Durch die Motivation etwas Neues zu Lernen, entsteht auch das Bedürfnis, sich Ziele zur permanenten Überprüfung zu setzen. In diesem Sinne sprach unter anderem auch Hermann Hesse davon, dass der Weg das Ziel ist. Ziele werden nur dort mit echtem Leben gefüllt, wo sie mit der eigenen Sinnhaftigkeit übereinstimmen. Fehlt dieser Antrieb, droht der Alltag in Sinn- und Ziellosigkeit unterzugehen. So steht die innere Haltung der Motivation am Anfang des Lernens und begünstigt unter diesem Gesichtspunkt den Prozess der Entscheidung, dem jeder willentliche Wandel vorauseilt.

Erkenntnisse: Überprüfen Sie ihre wahre Motivation nach äußeren und inneren Faktoren.

Merkpunkt 2
Die Bedeutung der Entscheidung

Unser Leben besteht aus vielen kleinen Entscheidungen, die wir jeweils mehr oder weniger bewusst während des Tages treffen. Jedes Ja und Nein entspricht diesem Muster, das häufig nach den Kriterien von angenehm oder unangenehm beurteilt wird. Dort aber, wo wir auf eine echte Verbindlichkeit treffen, offenbart sich der tiefere Sinn wahrer Ent-scheidung. Dieses Wort, im griechischen mit der Stammsilbe »crisis«, der Krise, und der lateinischen Chance verwandt, konfrontiert uns genau mit diesen beiden thematischen Betrachtungsweisen.

Wer Wein mag, dafür kein Bier, braucht sich nicht zu entscheiden, er wählt ganz einfach das ihm passende. Wenn jedoch einem Weinliebhaber bezüglich zwei der besten edlen Tropfen die Bedingung gestellt wird, sich für einen zu entscheiden, wird er sich schwer tun, da er ja beiden Möglichkeiten sehr zugetan ist.

In einem echten Entscheidungsprozess geht es darum, bei zwei gleichwertigen Möglichkeiten auf das eine zu verzichten. Die Entscheidung weist uns im wahrsten Sinne des Wortes darauf hin, dass es gilt Abschied zu nehmen, sei es von einem der erwähnten Weine, oder auch von althergebrachten Mustern. Da werden zwei geschieden, ein Mensch scheidet aus dem Leben – wo immer Entscheidungen anstehen, die Konsequenz heißt immer auch Loslassen. Unser Dasein ist dem Rhythmus ewigen Wandels unterworfen. Dieses permanente Abschiednehmen verhindert Stillstand und ermöglicht das Öffnen neuer Lebensräume und Erfahrungen. Genauso verhält es sich mit dem Lernprozess. Altes muss über Bord geworfen werden, um dem neuen den Platz freizuräumen.

Eine Tasse Tee

Meister Nan-in empfing den Besuch eines Universitätsprofessors, der etwas über Zen erfahren wollte. Nan-in servierte Tee. Er goss die Tasse seines Besuchers voll und hörte nicht auf weiterzugießen. Der Professor beobachtete das Überlaufen, bis er nicht mehr an sich halten konnte. »Es ist übervoll. Es geht nichts mehr hinein!« »So wie diese Tasse«, erwiderte Nan-in, »bist auch du, voll mit deinen eigenen Meinungen und Spekulationen. Wie kann ich dir Zen zeigen, bevor du nicht deine Tasse geleert hast«. (Östliche Weisheit)

Die Grundlage zu diesem Prozess bildet die Offenheit, sich diesem aus freiem Willen zu stellen. Wer sich nicht öffnet vor lauter Angst, verletzt zu werden, bleibt eben »zu«, verschlossen. Genauso wie man nicht durch verschlossene Türen gehen kann, um einen neuen Raum zu betreten, gelingt diesen Menschen auch innerlich kein Wandel. Nur der Entschlossene ist klar in seiner Entscheidung. Daher sind Offenheit, Entschlossenheit und Entscheidung zwingend und sich gegenseitig bedingend miteinander verbunden.

Erkenntnisse: Überprüfen Sie ihre Bereitschaft, Bestehendes in Frage zu stellen, Altes über Bord zu werfen und sich dem Lernprozess mit allen Konsequenzen zu öffnen

Merkpunkt 3
Wille und Geduld

Auf die Motivation folgt die Entscheidung, doch erst der Wille, das wirkliche Wollen, leitet den Lernprozess ein. Je ausgeprägter die genannten Merkpunkte als Antrieb dienen, desto klarer gestaltet sich die Möglichkeit zur praktischen Umsetzung. Dabei gilt es in erster Linie eine gesunde Balance zwischen Strebertum und Müßiggang zu finden. Unberechenbare Gefühlsregungen bei Lernenden entstehen vielfach dadurch, dass zu schnell zu viel erreicht werden will, was bei ausbleibenden Resultaten oft in der Frustration endet.

Das Festlegen eines eigenen, aber konstanten Lernrhythmus mit entsprechenden Zwischenzielen kann dabei einer drohenden Unzufriedenheit vorbeugen. Sich während der Arbeit etwas zu gönnen, gehört ebenso dazu, wie die Pausen – beide stimulieren bei richtiger Dosierung die Aufnahmefähigkeit und fördern die Motivation.

In einer Gesellschaft, wo Geduld weder geschult noch gepflegt wird, zählen nur rasche Erfolge. Doch die Früchte unserer Arbeit reifen langsam heran, prüfen unser Vertrauen und gedeihen oft erst unmerklich in der Stille heran. Wenn der Bauer jeden Tag das Feld umgräbt, um den Wachstumsprozess der Radieschen zu überprüfen, die er gesät hat, wird seine Ernte am Ende karg ausfallen. Gelassenheit, aber auch das Wissen um die innere Ordnung fördern unsere Haltung, damit wir bereit sind, dass die wichtigen Dinge zur richtigen Zeit am rechten Orte geschehen können.

Erkenntnisse: Erstellen Sie einen Lernplan mit Zwischenzielen und lassen Sie sich genügend Freiraum zur persönlichen Entspannung.

Merkpunkt 4
Theorie und Praxis

Viele Menschen holen sich die Legitimation des Wissens über die Praxis, den Erfahrungsschatz – doch manch einer begeht 20 Jahre dieselben Fehler und nennt es dann irrtümlich Erfahrung. Andererseits bietet auch die beste theoretische Ausbildung keine Garantie, im Alltag zu bestehen. Wer einen Reiseprospekt von Mallorca auswendig gelernt hat, kennt vieles, doch bleibt ihm der Puls des Insellebens verschlossen.

Theorie und Praxis bedingen einander wie Glauben und Wissen, das eine setzt das andere voraus und die Mischung daraus bildet das Fundament der Reife. Es gibt Dinge, die muss man erfahren haben, um sie im Herzen zu verstehen und genauso bietet der theoretische Rahmen die Möglichkeit, die Zusammenhänge der Praxis rascher zu verstehen. Wissen aus der Theorie, gepaart mit der bewussten Erfahrung, kommt der Definition von Weisheit nahe. Die Suche nach der Wahrheit, die hier ihren Ursprung findet, beginnt damit, das Leben mit dem eigenen Blut zu schreiben, soll Nietzsche einmal einem Freund als Rat mit auf den Weg gegeben haben.

Genauso wird jedes einzelne Kapitel in diesem Buch für den einzelnen Leser nur dort lebendige Realität sein, wo er die Informationen und Tipps in die Praxis umsetzt und aus den Erfahrungen die persönlichen Lehren zieht.

Die große Gefahr in unserer vom Verstand geprägten Umwelt besteht darin, dass man sich dem Irrtum hingibt, dass es genüge, das Leben aus zweiter Hand, wie es Fernsehen und Bücher vermitteln, zu kennen. Dadurch verschließen wir uns dem wahren Leben und bleiben im theoretischen Probehandeln, der Eiswüste des Intellektes erstarrt, wo auf das Gescheitsein oft nur noch das Gescheitert sein folgt.

Erkenntnisse: Theorie und Praxis bedingen einander wie Glauben und Wissen, das eine setzt das andere voraus und die Mischung daraus bildet das Fundament der Reife.

Merkpunkt 5
Vom richtigen Zeitpunkt

Wenn wir uns aus einem normal gewachsenen Bedürfnis heraus in einen Lernprozess begeben, regeln wir den Ablauf nach eigenem Gutdünken und sind nur am Rande durch den geeigneten Zeitpunkt eingeschränkt.

Im seelischen Bereich haben wir jedoch nicht immer das Privileg, den zeitlichen Rahmen des Lernens selber zu bestimmen. Wenn das Leben ungefragt die eigenen Erwartungshaltungen negiert, uns durch Unvorhergesehenes wie Krankheiten, Unfälle, Diagnosen oder gar Sterben von Angehörigen aus der Bahn wirft, überschattet Leid unser Dasein. Wer sich mit der Möglichkeit solcher Situationen nie auseinandergesetzt hat, sein Leben auf ewiges Glück und Verdrängen aufgebaut hat, verspürt in solchen Momenten die ganze Wucht schicksalsträchtigen Lebens.

Die Aussage, dass der Mensch aus dem Leid heraus am meisten lernt, folgt nicht einer zwingenden Regel. Wenn Verantwortung und innere Bereitschaft zur Verarbeitung und Versöhnung fehlen, bleiben diese Situationen oft als ungelöste ewige Dramen zurück. Die Erkenntnisse werden erst durch Überwindung, die bewusste Bearbeitung des Leides errungen.

Wann also definiert sich der beste Zeitpunkt des Lernens? Wann verfügen wir über die Möglichkeiten unseres Energiepotentials, wenn nicht in der Ruhe, der Gleichmäßigkeit des Alltags. Gerade dort, wo sich der Zug der Gewohnheiten, der uns mehr oder weniger geplant in den Schienen unserer Vorstellungen vorwärts schiebt, liegen die Möglichkeiten verborgen. Wie kaum zu einer anderen Zeit profitiert unsere Gesellschaft von der Sonderstellung, das Leben nicht ausschließlich auf existentielle Bedürfnisse ausrichten zu müssen – doch dabei besteht die Gefahr, durch Unersättlichkeit nach materiellen Gütern, der Trägheit des Wohlstandes zu verfallen.

In der Ruhe läge die Kraft verborgen, der psychischen Entwicklung Genüge zu tun.

Ein geschulter Segler trifft schließlich die Vorbereitungen zu einem erfolgreichen Turn sinnigerweise auch im Hafen, da wo die See noch ruhig ist. Er stellt dabei die höchstmögliche Sturmtauglichkeit sicher, um optimal vorbereitet auf das Unvorbereitete reagieren zu können.

Erkenntnisse: Unter diesem Aspekt betrachtet findet das vielzitierte »carpe diem« dieses »Nutze den Tag«, eine sinnvolle Bedeutung.

Merkpunkt 6
Der Umgang mit Unzulänglichkeiten

Normalerweise dominieren unsere mehr oder weniger ambitionierten Fähigkeiten, die erlernten Eigenschaften unseres Leben. Mit akribischer Sorgfalt wird dieses Wissen, meist auch zum eigenen Schutz ohne große Abweichung bis ins hohe Alter gepflegt.

Auf dem Weg des Neuen allerdings werden wir zunächst mit unseren eigenen Unzulänglichkeiten konfrontiert. Mit der Tatsache nämlich, dass wir das Erstrebte nicht beherrschen. Wer sich entscheidet, das Klavierspielen zu erlernen, wird als erstes feststellen, dass nicht Beethovens 5. auf dem Programm steht, sondern Methoden der Handstellung, sowie das Auf und Ab der Tonleiter.

Die Erkenntnis der ersten Stunde wird sein, dass Klavier spielen nicht so einfach ist, und es nicht ganz den Wünschen und Vorstellungen eines Anfängers entspricht. Rasch wird die Motivation hinterfragt, Wille und Geduld auf eine harte Probe gestellt.

Doch damit nicht genug. Auf Fehlervermeidung und Perfektionismus getrimmt, stolpern wir in der folgenden Lektion immer wieder über dieselbe schwierige Stelle. Hinweise, Ratschläge fordern den Stolz heraus und prüfen das empfindlich gewordene Selbstwertgefühl. Symbolisch für unser Leben aber meint dies, dass immer dort, wo das Fehlende entdeckt wird, es auch bearbeitet werden kann.

In dem, was wir als unsere Fehler, das uns Fehlende bezeichnen, liegt das Potential unserer Entwicklung verborgen.

Während viele von uns in jungen Jahren dazu angehalten wurden »ja keine Fehler zu machen«, teilte man uns als Erwachsene mit, dass künftig im Leben gerade vom Lernen aus Fehlern der größte Nutzen zu ziehen sei! Wer an seiner persönlichen Entwicklung arbeitet, wird allmählich wie ein gewiefter Kartenspieler, er kennt seine Trümpfe und Nieten und baut darauf sein »Spiel des Lebens« auf.

Erkenntnisse: Auf dem Weg des aktiven Lernens erkenne ich zunächst meine Unzulänglichkeiten und brilliere wahrscheinlich durch Fehler– ja und?

Merkpunkt 7
Durch die »Niederlage« zum Gewinn

Die Folgen von Unzulänglichkeiten erleben wir in der gewinnorientierten Gesellschaft als Misserfolg. Diese Mentalität schließt das Lernen über Niederlagen aus und verlangt nach Superstars und Siegertypen. Doch dazu werden die wenigsten geboren. Hinter dem Erlangen einer Meisterschaft verbirgt sich mehr persönliche Überwindung und harte Arbeit als man gemeinhin annimmt.

Der Misserfolg holt sich seine Berechtigung aus dem Erfolg, deren andere Seite der Medaille er verkörpert und sich erst durch die Akzeptanz beider Teilen in seiner Ganzheit legitimiert. Das Leben als Spiel betrachtet, folgt denselben Regeln.

Wer in einer Sportart erfolgreich werden will, sucht sich nicht schwächere Gegner, sondern misst sich mit den Starken. Diese Logik erhöht das Risiko der Niederlage. Wer ausschließlich um den Sieg spielt, beißt sich im übersteigerten Erwartungsdruck fest. Das Spiel an sich verliert an Gehalt, es wird zum Krampf und der Wert der Niederlage als Gradmesser unserer Fähigkeiten tritt schließlich in den Hintergrund. Das echte Spiel des Lebens relativiert in keinster Weise die Bedeutung von Sieg und Niederlage, es ändert lediglich den Stellenwert bezüglich der eigenen Motivation an jedem Orte uneingeschränkt das Beste zu geben.

Nicht selten bringt uns eine Niederlage nach gutem Spiel mehr Befriedigung als ein Sieg nach einer durchschnittlichen Leistung. Wer nie verliert, hat den Sieg nicht verdient.

Erkenntnisse: In der Analyse und Akzeptanz von Niederlagen steckt das Potential unserer Möglichkeiten zum Gewinnen.

Merkpunkt 8
Die Fähigkeit zum Unterscheiden

Das aktive Lernen bringt auch die wertvolle Möglichkeit der Unterscheidung mit sich. Je tiefer sich uns ein Wissen offenbart, desto differenzierter fällt unsere Beurteilung aus. Wer eine Fremdsprache hört, wird diese nur insofern verstehen, als er sie selber spricht. So entscheidet unser Reife- und Wissensgrad über die Erkenntnisfähigkeit einer Sache. So mag ein und dasselbe Buch bei den einzelnen Lesern völlig verschiedene Reaktionen auslösen, da sich diese nach dem Wissensstand des beschriebenen Stoffes richten.

Ebenso verhält es sich mit gemeinsam erlebten Situation, welche von den Beteiligten oft völlig anders wahrgenommen und beurteilt werden. Was immer wir im Laufe unseres Lebens erfahren, Wahrnehmung, aber auch die Erkenntnis von Geschehnissen, beruht immer auf der individuellen subjektiven Betrachtungsweise.

Erkenntnisse: Das Lernen fördert die Erkenntnisfähigkeit zur Unterscheidung und wird primär als ein individueller und subjektiver Prozess erlebt.

Mit dem ersten Atemzug setzt die Erfahrung des Lernens ein und prägt konkret nach dem Schulbeginn die Qualität unseres Erlebens. Freier Wille, Leid und Schmerz bilden dabei die beiden Grundpfeiler unserer seelischen Motivation. Jeder Lernprozess zieht eine Bewusstseinserweiterung mit sich, die von jedem Einzelnen individuell verarbeitet und integriert wird.

Nicht immer stößt diese Art von Veränderung im eigenen Umfeld auf positive Reaktionen. Getreu der jährlich wiederkehrenden Geburtstagskarte: »… wir hoffen, Du bleibst wie Du bist …«, mag man Freunde und Partner altvertraut und berechenbar. Die Palette von Reaktionen reicht denn auch von Freude, Genugtuung bis hin zu Neid und Ablehnung. Die Früchte persönlicher Entwicklung verändern die Haltung im Außen und fordern damit auch Freundes- und Bekanntenkreis.

Je wertvoller sich der Lernprozess gestaltet, desto mehr füllt innere Ruhe und Dankbarkeit das äußere Handeln. Die persönliche Veränderung bringt neue Resonanzen zum Schwingen, dass sich dabei auch Teile des Umfeldes verändern können, ist ein Preis, den man in Kauf nehmen muss.

Die Lebensschule

Mulla Nasrudin pflegte bisweilen Menschen in seinem Boot auf Ausflüge mitzunehmen. Eines Tages ließ sich ein berühmter Sprachforscher von ihm über den Fluss setzen. An Bord fragte der Gelehrte, ob die Überfahrt wohl stürmisch werden würde. »Kann ich nie nicht genau sagen.« »Guter Mann, welch primitive Sprache. Hast du denn nie Grammatik gelernt?« »Nein«, sagte Mulla. »Dann hast du die Hälfe deines Lebens nutzlos vertan.« Der Mulla schwieg. Etwa in der Mitte des großen Flusses kam starker Wind auf, und das kleine Boot füllte sich mit Wasser. Nasrudin beugte sich zu seinem Fahrgast hinunter: »Haben sie jemals schwimmen gelernt?« »Nein«, sagte der Gelehrte. »Dann haben sie ihr ganzes Leben nutzlos vertan. Wir sinken.«

Aus: Also sprach Mulla Nasrudin, N. Hodscha, München 1993

Die praktische Umsetzung

Die Gedanken zum Lernprozesses verfolgen die Absicht, den Fokus auf die konstruktiven Möglichkeiten rund um das Lernen zu lenken. Das nachfolgende praktische Hilfsinstrument kann problemlos mit etwas Kreativität in den Alltag integriert werden. Je spielerischer wir mit dem Lernstoff umgehen, desto mehr wachsen die Möglichkeiten, daran auch Spaß zu haben – ein wichtiger Faktor zum Erfolg.
Die beschriebene Technik umfasst 6 Schritte und wird durch ein praxisorientiertes Beispiel unterstützt:

1. **Klare Zielformulierung – Ich beschreibe konkret und deutlich das zu erreichende Ziel, wobei ich darauf achte, dass dieses detailliert, aber auch messbar kontrolliert werden kann. Ich beginne mit einem limitierten Zeitraum, bis ich mich von der Wirksamkeit der Methode überzeugt habe.**

Praktisches Beispiel: Ich nehme mir vor, 5 x die Woche während 2 Monaten rund 20 Minuten Lauftraining, Joggen oder Spazieren im Freien, zu absolvieren.

2. **Ich stelle mir vor, wie es sein wird, wenn ich dieses Ziel über einen Zeitraum von 3 Monaten erreicht habe.**

Praktisches Beispiel: Ich bin dynamischer und konzentrierter, verzichte gänzlich auf die Benützung von Fahrstühlen und Rolltreppen. Beim Aufstehen nehme ich meinen Körper viel gesünder und kräftiger wahr.

3. **Ich versuche zu spüren, welche Gefühle es in mir auslöst, wenn ich das angestrebte Ziel erreicht habe.**

Praktisches Beispiel: Ich bin stolz auf mich, Vorsätze und Ziel erreicht zu haben – dieses Gefühl stärkt mein Selbstbewusstsein und bestätigt mich in meinem persönlichen Willen.

4. **Nun kreiere ich ein symbolisches Bild dieses unter Punkt 2 und 3 beschriebenen Zustandes.**

Praktisches Beispiel: Ich stelle mir vor, wie es wäre, wenn ich durchtrainiert am Start des Marathon von New York mit zehntausend Menschen stehen würde.

5. **Ich bringe dieses symbolische Bild mit einem Gegenstand meines täglichen Lebens in Verbindung und verknüpfe die beiden.**

Praktisches Beispiel: Da ich viel im Auto sitze, lege ich auf die Fußmatte des Beifahrersitzes einen alten Turnschuh meiner Tochter, der mich nun täglich an mein Vorhaben erinnern soll. Wann immer ich also ins Auto steige, werde ich durch den Gegenstand an den Marathon und somit an mein Vorhaben erinnert.

6. **Ich führe täglich ein Logbuch über meine zielgerichtete Aktivität und begründe detailliert allfällige Versäumnisse.**

Praktisches Beispiel: Ich besorge mir eine kleine Agenda und lege sie auf meinen Nachttisch. Nach dem Zähneputzen am Abend notiere ich regelmäßig mein Ergebnis des Tages.

Diese Lerntechnik baut auf das Zusammenspiel der linken und rechten Gehirnhälfte auf. Sie erlaubt uns, mit einer beliebigen Anzahl von Zielsetzungen und etwas Kreativität im Alltag am inneren Gleichgewicht zu arbeiten.

Die Regelmäßigkeit täglicher, wenn auch nur kleiner Erfolgserlebnisse, ermuntern uns weiterzugehen. Bei Rückschlägen holen wir uns die Kraft aus dem halbvollen Glas und lassen keinen Platz für destruktive Energien. Regelmäßige Erfolgserlebnisse motivieren zum weiteren Arbeiten und tragen dazu bei, der inneren Gelassenheit etwas näher zu kommen.

Ausblick

Warum einen Blick in die kommende Zeit wagen, wo es doch gilt, den Moment zu leben? Dieser Argumentation steht einmal mehr die Eigenverantwortung gegenüber. Als Teil eines in sich wirkenden Systems ist es unsere Pflicht, uns mit den Eventualitäten des Kommenden auseinanderzusetzen. Im Verständnis unseres Alltags besteht die Kunst darin, das Heute ???? zu leben, aber auch die Zeichen des Morgen zu deuten. Natürlich ist es nur der Augenblick, der uns ermöglicht Veränderungen wahrzunehmen und doch sehen wir uns dem Zeitgeist ausgesetzt, der seine prägenden Schatten vorauswirft.

Ein Beweggrund dieses Buches liegt darin, durch die Erkenntnis von Stress und das Bearbeiten vorbeugender Maßnahmen jene Voraussetzungen zu schaffen, welche die Stabilität unseres psychischen Verhaltens für eine interessante aber herausfordernde Zukunft zu stärken vermag. Das gesellschaftliche Streben nach Wohlstand und Fortschritt brachte kontinuierlich eine Steigerung unserer qualitativen Lebensumstände. Dafür sind wir aber auch bereit, den Preis der vermeintlichen Freiheit zu bezahlen und uns in die vielfältigsten Abhängigkeiten zu begeben. Nach wie vor liegt uns, symbolisch gesprochen, die Anschaffung einer neuen Polstergruppe näher als die Erhaltung der Gesundheit. Das zunehmend verkrampfte Festhalten wollen unserer bewährten Vergangenheit kann als Zeichen gedeutet werden, dass die Angst des Loslassen müssens zunehmend an Bedeutung gewinnt. Zunehmende Gewalt, korrupte Wirtschaftssysteme, desolate Staatshaushalte und vieles mehr deutet darauf hin, dass wir uns inmitten eines tiefgreifenden Wandels befinden, der die Grundstrukturen westlichen Verhaltens in Frage stellen wird.

Das Vermischen der Kulturen innerhalb einer künstlich geschaffenen neuen Ordnung in Europa verlangt eine völlig neue Definition nationalen Gedankengutes. Die äußerliche Heimatlosigkeit, die kulturelle Neufindung findet im Innern ihre Fortsetzung. Die Tendenz, dass jeder sich selbst der nächste ist, spüren wir im Interesse der Besitzstandswahrung jedes Einzelnen. Interessensgemeinschaften entwickeln sich zu egoistischen Zellen, welche sich den Ordnungen des Organismus entgegenstellen.

Diese Reaktionen täuschen nicht darüber hinweg, dass ein Morgen unser Bewusstsein auffordert, der Resonanz des Neuen konstruktiv zu begegnen. Der Gedanke des Netzwerkes, der alles in einen wechselwirkenden Zusammenhang stellt, wird uns zum ganzheitlichen Erkennen auffordern.

Kaum schadlos werden wir uns mit den Ansprüchen unserer bisherigen materiellen Statussymbole auseinandersetzen müssen. Die nahe Vergangenheit hat uns gezeigt, dass einzelne völlig überraschende Ereignisse die vermeintliche Weltordung in kürzester Zeit erschüttern können und wir auch in Zukunft von diesem neuen Phänomen kaum verschont bleiben werden.

Der Wandel wird unsere Ansprüche, aber auch eine allfällig mangelnde Eigenverantwortung einer harten Prüfung unterziehen. Die psychische Stabilität, die inneren Werte gewinnen an Bedeutung und entscheiden künftig darüber, wie weit wir es schaffen, mit solchen äußeren Veränderungen im seelischen Bereich klar zu kommen.

Aus der Erkenntnis ganzheitlicher Zusammenhänge wächst die Sensibilität, dass jeder Einzelne mitverantwortlich ist, in dem was er tut. Wahrhaftigkeit, Vertrauen, aber auch das Verständnis pythagoräischer Ethik, nämlich die Seele nach der Analogie geistiger Gesetze auszurichten, führt zu jenem Handeln, das man gemeinhin mit Respekt und Demut bezeichnen kann. Vielleicht steht es nun an, dass wir unser »Warum« im Leben definieren, um das »Wie« zu ertragen, wie Nietzsche dies so treffend formulierte.

Die folgenden Gedanken zu einzelnen Themen wollen provozieren, aber auch aufzeigen, dass Lösungen nur unter dem ganzheitlichen Aspekt mit einer neuen Generation von Menschen gefunden werden können. Die Vergangenheit hat gezeigt, dass Probleme nicht durch dieselben Entscheidungsträger gelöst werden, welche sie verursacht haben. In diesem Sinne möchten die nachstehenden Zeitfenster in naher Zukunft zum Vor- und Nachdenken anregen:

Staatsgefüge

Der Erfolg unseres hochentwickelten Industriezeitalters wurde zum größten Teil auf Kosten der dritten Welt möglich. Globalisierung, die legitimierte Gesellschaftsform nach immer mehr und immer weiter, bildet in versteckter Form eine neue Art der Bereicherung. Die daraus entstehende Wertschöpfungskette dient in letzter Konsequenz dazu, den Profit nach den Interessen einer kleinen Minderheit zu gestalten und auszurichten. Die Aufrechterhaltung unseres gesellschaftlichen Standards könnte dazu führen, den einzelnen Bürger vermehrt in die finanzielle Pflicht zu nehmen. Erhöhte Kontrollen und strengere Durchsetzung von Anweisungen, wie sie zum Beispiel bereits im Straßenverkehr zur Anwendung gelangen, werden immer mehr als Provokation erlebt und verhärten die Front zwischen Bevölkerung und staatlichen Institutionen. Bevormundung anstelle der Eigenverantwortung, das Vermischung der Nationalitäten und die sich abzeichnende Zweiklassengesellschaft von Arm und Reich stellen ein gewaltiges Krisenpotential dar, das sich stets auf ähnliche Weise entlädt, wie man es in den Geschichtsbüchern der Vergangenheit nachlesen kann.

Das Gesetz der Polarität fordert die Demokratie und seine Hüter heraus, die Standhaftigkeit der Staatsform eingehend zu prüfen, will man nicht den Worten Platons erliegen, der prophezeite, dass jede Demokratie über kurz oder lang in der Anarchie enden wird.

Politik

Die heutige Weltpolitik entpuppt sich immer mehr als ein auf Eigennutz, Macht und Profilierung getrimmtes Gebilde. Vielfach durch zwiespältige Persönlichkeiten repräsentiert, setzt sie hartnäckig auf lineare Expansion, scheinbare Beständigkeit vergangener Werte und schließlich auf persönliche Bereicherung. Große Gesellschaftsgruppen und Nationen können zerbrechen, wenn man es verpasst, sie in neuen Formen eigenständig als lose Kooperationen mit hoher Eigenständigkeit wirken zu lassen. Leere Staatskassen, überdimensionierte Sozialsysteme, eine hohe Verschuldung, aber auch die künftige Überalterung unserer Gesellschaft trüben die Hoffnungen auf unsere Renten.

Solange Oppositions- und Regierungsparteien nicht an einem Tisch, als Team mit gemeinsamen Zielen nach Lösungen suchen, schädigt die Politik den eigenen Staat. Wenn die Glaubwürdigkeit einer staatlichen Regierung nicht erreicht werden kann, misslingt es, dem Bürger die Einsicht zu verantwortungsvollem Handeln und Verzicht zu vermitteln.

Dies allerdings setzt die unabdingbare Glaubwürdigkeit jedes einzelnen Politikers voraus und stellt wiederum dessen wirkliche Berufung und Motivation auf einen ethischen Prüfstein.

Wirtschaft

Politik und Wirtschaft bilden als Rahmenbedingungen die Stützen der Gesellschaft. Wenn es nicht gelingt, dass ein gleichwertiges- und berechtigtes Verständnis vorherrscht, wird es kaum möglich sein, im Dienste des Ganzen zu wirken.

Am Beispiel der Verlagerung von Arbeitsplätzen in Billiglohnländer wird deutlich, wie egoistisch der eigene Profit über die Gefahr des Systemzerfalls gestellt wird. Man könnte meinen, dass in vielen einflussreichen Führungsetagen der abstrakte Verstand derart ausgeprägt ist, dass man sich die Vernunft der Logik gar nicht mehr leisten kann. Es scheint in Vergessenheit geraten zu sein, dass die Wirtschaft für den Menschen da ist und nicht umgekehrt. Die Maßlosigkeit der Gehälter unterstreicht diese verdrehte Tendenz und findet in Fusionshunger und Wahn nach Ruhm und Macht seine Fortsetzung.

Das Management müsste irgendeinmal einsehen, dass sich nicht immer alles nur darum drehen kann, immer größer und dicker zu werden. Um langfristig auch psychisch Bestehen zu können, muss sich die geistige Haltung synchron mit dem äußeren Wachstum entwickeln. Der Wandel in eine neue Zeit wird uns aus der Notwendigkeit heraus dahin zurückführen, künftig in kleinen und überschaubaren Teilbereichen und Unternehmen zu agieren. Der Schritt aus der Spezialisierung hin in das Ganze öffnet den Blick für das Wesentliche.

Neue Werte wie Vertrauen, Wahrhaftigkeit, Kultur und Ethik bilden die Nahrung, welche unseren inneren Hunger stillt. Das Hierarchiegebilde der Führungskräfte steht dann vielleicht im Dienste des Unternehmens und die Mitarbeiter erkennen den Beruf in einem erweiterten Kontext als wichtigen Bestandteil des eigenen des Lebens.

Wissenschaft

Die klassische Wissenschaft ähnelt stark dem Denkmuster der Wirtschaft. Die Allianz mit dem materiellen Mehrwertsgedanken fördert denn auch mit den meisten Errungenschaften primär die Steigerung der Lebensqualität und bewirkt gleichzeitig eine lethargische Trägheit im gesellschaftlichen Umgang. Das Überbetonen der einzelnen Sachgebiete, das faszinierende Eindringen in neue Erkenntniswelten haben viel Nützliches erwirkt wenn man die Tatsache negiert, dass dabei unsere Bevölkerung immer kränker wird. Globale Vernetzung und Austausch vorhandener Kenntnisse bleiben oft auf Kosten von Sturheit und falsch verstandener Eitelkeit auf der Strecke. Die Universität, zu Deutsch das Eine verbindend (Uni) in der Vielheit zu finden (Versität), hat seine Gültigkeit in vielen Bereichen eingebüßt.

Bestrebungen eines künftigen Miteinander fordern zweifellos den Preis wirtschaftlicher Einbußen, würde jedoch Wesentliches zur Gesundung unserer Gesellschaft beitragen. Dazu nur das folgende Beispiel. Das Öffnen der Schulmedizin gegenüber homöopathischen Heilverfahren, aber auch die kritische Betrachtung der Nahrungsmittelherstellung und seine Folgen wären in einem ersten Schritt revolutionär und würde viel zu einer bewussteren Lebensgestaltung beitragen. Aufklärung statt Profit könnte ein echter Ansporn sein, das morsche Gebilde des Gesundheitswesens vor seinem drohenden Eklat zu bewahren.

Umwelt

Der größte Teil des Energieverbrauchs unserer Erde wird durch die westlich zivilisierte Welt zu Erhalt und Steigerung der Lebensgewohnheiten genutzt. Die weiterhin wirtschaftlich orientierte Ausbeutung der Natur könnte uns als Bumerang in naher Zukunft empfindlich treffen. So verdanken wir es zum Beispiel in erster Linie dem Östrogen, dass viele Fische in Schweizerseen nicht in der Geschlechtslosigkeit verkommen müssen, weil es gelungen ist, durch gentechnische Maßnahmen diesen Umstand zu korrigieren. Die Überforderung des landwirtschaftlich genutzten Bodens durch Auszehrung und chemische Zusatzstoffe verringern den natürlichen Gehalt lebenswichtiger Produkte, was sich in der Konsequenz als Mangel in unserer Ernährung auswirkt und mit allerlei ergänzenden Präparaten ausgeglichen werden soll. Die Möglichkeit, dass der Mensch als Teil der Natur denselben Gesetzen gehorcht, wird in vielen Kreisen als traditionell altmodisches Dogma belächelt und ignoriert. Die klimatisch bedingten Veränderungen, die sich häufenden Naturkatastrophen sind wohl kaum zu vermeiden, doch eröffnet ganzheitliches Gedankengut neue Möglichkeiten, eine natürliche und gesunde Zukunft für die nachfolgenden Generationen mitzugestalten.

Ein erster Schritt wäre es, technische Errungenschaften nicht primär nach wirtschaftlichen Interessen auszurichten, sondern diese nach ökologischen Gesichtspunkten einzusetzen. Sinnvolle global ausgerichtete Gesetze der Energienutzung bieten eine Möglichkeit, die drohende Schadstoffverschwendung einzudämmen. Auch provokative Maßnahmen, wie vorgeschriebene Mindestauslastung bei Flugzeugen, könnten dabei ins Auge gefasst werden. Das größte Potential an Möglichkeiten einer positiven Veränderung der Umwelt aber liegt in unserer eigenen Haltung. Wenn es uns gelingt, den bewussten, spürbaren Bezug zur Natur wieder herzustellen, kann dies in seiner Konsequenz dazu führen, diese nicht nur wieder als Lehrmeister unseres Lebens anzuerkennen, sondern sie im täglichen Umgang mit der ihr zustehenden Achtung und entsprechendem Respekt zu behandeln. Das wäre nebst vielen anderen positiven Auswirkungen eine konstruktive Möglichkeit, sich von erzieherischen Vorschriften und Regeln im gesellschaftlichen Umgang zu befreien.

Soziales Gefüge

Das westliche Gedankengut hat sich beim Wiederaufbau nach dem Zweiten Weltkrieg primär auf die materiellen Werte konzentriert. Diese Haltung in vielerlei Bereichen scheint mit der Jahrtausendwende einen Höhepunkt erreicht zu haben. Traditionelle Werte des Familienlebens, kontinuierliche und berechenbare Arbeitsprozesse die klare Rollenverteilung von Mann und Frau in einem strukturierten Staat sorgten bisher für Ruhe und Sicherheit.

Die Geschehnisse und Entwicklungen der letzten Jahre allerdings decken nun den Irrtum von Wohlstand und unbegrenzten Möglichkeiten auf, zwingen uns gleichzeitig auch hier bewährte Denkmuster einer kritischen Prüfung zu unterziehen. Statistiken jeglicher Art verdeutlichen den Krankheitszustand des Patienten namens Sozialstaat. Die Individualität, das männliche und weibliche Verständnis konfrontiert und irritiert das vertraute Bild von Familie und Partnerschaft. Status und Machtverhalten verhindern die Berechenbarkeit im Arbeitsprozess. Überalterung und Zweiklassengesellschaft erschüttern die Grundmauern sozialer Für- und Vorsorge. Die drastische Zunahme von Krankheiten im psychischen und physischen Bereich widerspiegeln die Symptome unserer Zeit. Es hat den Anschein, dass die gesellschaftlichen Veränderungsprozesse uns allmählich zu aktivem und konkretem Handeln auffordern.

Vielleicht drängen sich in naher Zukunft kaum für möglich gehaltene Szenarien auf. So könnten finanzielle Gründe dazu führen, dass sich Menschen vermehrt in kommunenähnlichen Gebilden organisieren. Dass die Rolle der Geschlechter sich dabei neu definiert, neue Arbeitsmodelle uns dazu zwingen, den Zeitraum eines Tages qualitativ vielfältiger zu nutzen. Das fehlende Kapital zur Versorgung älterer Menschen würde bedeuten, diese wie früher in das Familienleben zu integrieren. Wäre der

Staat nicht mehr in der Lage, die Heilungskosten von Krankheiten im bisherigen Ausmaße zu übernehmen, hieße dies für uns Bürger vermehrt Eigenverantwortung für die Gesundheit zu übernehmen.

Gelingt es uns nicht, den anstehenden Veränderungsprozess im eigenen Umfeld aktiv zu gestalten, unsere innere Haltung zu wandeln, spiegelt sich diese Notwendigkeit im Außen wieder. Konkrete Auswirkungen unseres gesellschaftlichen Ungleichgewichtes zeigt sich in der täglich zunehmenden Gewalt in unseren Städten.

Mehr denn je bedarf es einer auf klaren ethischen Grundsätzen ausgerichteten Staatsführung, die Ihre Aufgaben nicht in der Förderung eines Polizeistaates sieht, sondern das Schwergewicht auf Bildung und Selbstbestimmung jedes Einzelnen setzt.

Schulbildung

Ein Blick in die Statistik der Befindlichkeit unser Jugend unterstreicht die drohenden Konsequenzen einer auf ausschließlichen Materialismus ausgerichteten Gesellschaft. Da steht als Anzeichen in erster Linie die massive Verschlechterung der Gesundheit wie Altersdiabetes, Verfettung und Bewegungsarmut im Mittelpunkt. Die psychische Belastung vieler Jugendlicher in Schule und Umfeld führen dazu, dass Verhaltensauffälligkeiten wie Depressionen, Hyperaktivität und anderes mehr zunimmt. Durch das übermäßige Bewerten von Status und Markenartikeln sucht man das mangelnde Selbstwertgefühl zu kompensieren und ist dafür auch bereit, die Kreditlimite zu erhöhen.

Das klassische Bildungssystem für unsere Kinder ist, von wenigen Ausnahmen privater Institutionen abgesehen, nicht auf die psychische Entwicklung und seelische Lebendigkeit ausgelegt. Die Forderungen und Bedürfnisse des wirtschaftlichen Umfeldes bestimmen die Prioritäten und negieren die natürlichen Entwicklungsschritte des heranwachsenden Menschen. Die Entwicklung innerer Standfestigkeit und ethischer Werte bleibt dabei auf der Strecke, sich laufend überholende Bildungs- und Rechtschreibereformen belegen die Hilflosigkeit der verantwortlichen Amtsstellen. Die neue Art von Analphabetismus besteht heute darin, dass wir nicht mehr wissen, *wie* man lernt um eine praktische Umsetzung zu gewährleisten. Die Lehrer, als Autoritätspersonen vergangener Tage suchen ihre neue Identität zwischen amtlichen Auflagen, randalierenden Jugendlichen verschiedenster Nationalitäten und rechthaberischen Eltern. Wäre die Schule eine Institution, wo junge Menschen auf das Leben in seiner Vielfalt vorbereitet werden, hätte dies eine Verschiebung der Prioritäten und wohl auch der Gesundheit zur Folge.

Die technischen und hirngerechten Errungenschaften würden das Lernen von grundlegendem Schulstoff im Fernstudium ermöglichen. Der eigentliche Unterricht stünde dann mindestens zur Hälfte dem Austausch mit Themen bezüglich der Entwicklung der eigenen Persönlichkeit zur Verfügung.

Die permanente Berieselung vielfältigster Kommunikationskanäle würde das Bedürfnis nach Entspannungsübungen und Meditation wecken. Das Sensibilisieren auf gesunde Ernährung und sportliche Betätigung fördert das Bewusstsein der Eigenverantwortung. Die Kunst echter Kommunikation würde eine Chance bieten, sich gehaltvoll auszutauschen. Verstärktes Anbieten von Themen wie Umgang mit anderen Menschen, Geld und Partnerschaft aber auch Sexualität wären zusätzlich wertvolle Beiträge, der eigenen Sinn- und Konfliktfähigkeit im Leben zu begegnen um so den Zeichen einer Zeit erfolgreich entgegenzutreten.

Religion

Die Zeichen der Zeit stehen auch in religiösen Belangen auf Veränderung und inneren Wandel. Allem voran täuscht nichts darüber hinweg, dass gerade die katholische Kirche auch nach einer neuen Identität sucht. Die Vermischung weltlicher Machtansprüche und göttlichem Auftrag haben seit dem Mittelalter ihre Spuren bis in die heutige Zeit hinterlassen. Starre ideologische Strukturen drohen den Faden zur Realität zu zerreißen. Das polarisierte Weltbild des »lieben Gottes und dem bösen Teufel«, aber auch das Pochen auf Gebotstafeln für verlorene Schäfchen verliert mehr und mehr an Glaubwürdigkeit.

Der Auftrag der weltlichen Kirche, das Individuum auf der Basis von Eigenverantwortung und Vertrauen mit dem Auftrag zur Menschwerdung anzuleiten, wurde durch das zwiespältige Verhalten vergangener Jahrhunderte größtenteils verspielt. So öffnet diese Tatsache immer mehr so genannt geistigen Gemeinschaften und Sekten die Türen, um nach Orientierung suchende Menschen in ihren Bann zu ziehen.

Die »religio« diese wörtlich gemeinte »Rückbezogenheit« kann nur im Einzelnen stattfinden. Das Ringen um Wissen und Erfahrung hat durch die Verbreitung insbesondere östlicher Lehren in der westlichen Welt ein neues Verständnis geschaffen. Dieses kann, wenn weise unter ganzheitlichem Gedankengut genutzt als Bindeglied zu verschiedenen Konfessionen einen wertvollen Beitrag leisten.

Die bereits erwähnte Definition zur Ethik von Pythagoras, nämlich die Seele nach der Analogie zu den wirkenden Gesetzmäßigkeiten zu ordnen, könnte als Schlüssel eines neuen Weltverständnisses dienen. Dabei fällt der Rückbesinnung auf die inneren Werte sowie das Zurechtrücken überproportionierter materieller Ansprüche eine besondere Bedeutung zu.

Das Selbstverständnis menschlichen Lebens beruht sowohl

auf dem Weg als auch am Ziel auf innerer Freiheit. Vielleicht wird in Zukunft das Leben nicht mehr nur als ein lineares Erlebnis zwischen Geburt und Tod betrachtet. Es gelänge so, dem Kreislauf des Schicksals und dessen Bestimmung in einem größeren Rahmen zu begegnen.

Einige Anzeichen weisen darauf hin, dass die kommenden Jahrzehnte die geistigen Aspekte unserer Inkarnationen in einem neuen Lichte erscheinen lassen. So werden da, wo Wahrhaftigkeit und Demut sich finden, auch neue Gruppierungen entstehen, welche sich jenem hohen ethischen Verständnis verschrieben haben um in vorbildlicher Weise suchende Menschen in ihrem Streben zu unterstützen.

Tod

Noch immer glänzen viele Menschen mit ausgezeichneten Verdrängungsmechanismen, wenn das Thema des Sterbens im Raume steht. Man stellt sich dabei unüblicherweise immer lieber in die zweite Reihe und denkt meistens primär daran, es trifft immer nur die anderen ... Tod ist in unserer gefüllten Agenda nicht vorgesehen, aus ärztlicher Sicht oft als Niederlage empfunden, wird er kaum in den Alltag integriert. Seit dem Verschwinden der Großfamilie findet Sterben meist im anonymen Rahmen außerhalb des vertrauten Gefüges statt. Eine Tatsache, welche uns einen natürlichen Umgang zu Abschied und Loslassen nicht nur erschweren, sondern auch der Angst einen überproportionalen Raum gewährt.

Das Leben und den Tod als zwei Seiten ein und derselben Medaille zu verstehen und das Leben entsprechend ausrichten, zeigen uns jene Völker auf, die der westlichen materiell verfallenen Denkhaltung kritisch gegenüberstehen.

Der ganzheitliche Blickwinkel, das Verständnis der Polarität als wirkendes Gesetz kann uns darin bestärken, dass Leben und Tod unweigerlich miteinander verbunden sind, sich aus ihrer Definition heraus gegenseitig bedingen.

Die Verbreitung und Anwendung von Möglichkeiten der Sterbebegleitung sowie die angewandte Palliativmedizin zeigen erste Ansätze, das Thema aus dem Dunkel eigener »Vergessenheit« zu befreien. Das Aneignen von Wissen über Prozesse des Sterbens, die natürliche Offenheit gegenüber dieser Grenzerfahrung bringt uns unweigerlich an die Schwelle alter Tradition. Da wo sich diese mit Bewusstsein füllt, kann Ritual entstehen. Würdiges Abschiednehmen wird wieder möglich, indem wir uns an den Sinn der Totenwache, Messen und anderen Zeremonien zurückerinnern. Das Aufnehmen solcher Handlungsweisen bietet eine große Möglichkeit, dem Sterben und somit auch dem eigenen Leben wieder näher zu kommen. Die Integration dieses Wissens birgt in sich die Chance, das eigene Leben respektvoller, achtsamer zu nutzen und in seiner Fülle wirklich zu leben.

Persönliche Lebensgestaltung

Vielleicht hängt der kränkelnde Zustand unserer Kultur damit zusammen, dass wir dahin erzogen werden, unser Befinden von den Anforderungen der Umwelt und den darin gültigen Marktgesetzen abhängig zu machen. Unsere Gefahr besteht darin, dass die technische Unterhaltung zur Kompensation unserer inneren Erfahrung wird. Die meisten Errungenschaften dieser Art fördern die verstarrende Gewohnheit des Geistes und heizen nicht nur unsere Abhängigkeit an, sondern hemmen Entwicklung und töten Kreativität. Sucht nach Status, äußerer Macht und breite Information statt tiefes Wissen führen uns weg von der eigenen Sinnhaftigkeit, was sich im hektischen Treiben im Außen widerspiegelt.

Unser Sattsein verhindert den Mut zu freiwilliger Veränderung und Wandel, wo das Leben uns doch jeden Tag mit gerade diesen Themen konfrontiert. Was geschieht mit der persönlichen Lebenshaltung wenn altbewährte Muster und Traditionen sich verschwinden? Wo finden wir den inneren Halt, den Sinn und leitende Werte?

Nutzen wir die Zeit aus freien Stücken zu lernen oder zwingen uns die Lebensumstände dazu?

Jede Suche nach einer konkreten Antwort wirkt vermessen und doch gibt es einige Zeichen, sich im Alltag heranzutasten.

So könnte zum Beispiel Weiterbildung als Investition in die Zukunft mehr Beachtung finden. Lebenslanges Lernen uns helfen, das Wissen um die Vernetzung von Körper, Seele und Geist in seiner Wechselwirkung zu verstehen und aktiv zu erleben.

Eine bewusste Lebensführung verändert das Konsumverhalten in vielerlei Hinsicht, zum Beispiel im Umgang mit der Gesundheit, dem Umfeld aber auch der Umwelt. Wenn es uns gelingt zu erkennen, dass unser wirkender Alltag nichts anderes als den Spiegel unserer Innenwelt darstellt, wächst uns jene Kraft zu, die es uns erlaubt, Verantwortung und Eigenständigkeit für das eigene Leben zu übernehmen, indem wir durch innere Entwicklung im Außen wirken.

Wer weiß, ob nicht aus dieser Haltung heraus das höhere Bewusstsein in uns erwacht, das uns Kraft und Mut schöpfen lässt, den Weg in eine neue herausfordernde Zeit aktiv mitzugestalten.

Literaturempfehlungen

Zum Abschluss dieser Themenvielfalt rund um das innere Gleichgewicht habe ich Ihnen nachstehend einige Bücher aufgeführt, die ihr Wissen in spezifischen Bereichen vertiefen können. Diese Liste ist in der Reihenfolge der jeweiligen Kapitel aufgeführt. Gerne sind wir Ihnen auch bei weiteren behilflich:
Info©marthaler-partner.ch

Freude und Glück
Eckart Tolle, Jetzt!, Die Kraft der Gegenwart, Kamphausen Verlag, München 2002
Rosemary Weissman, Steve Weissman, Der Weg der Achtsamkeit, München 1994

Schmerz und Leid
Verena Kast Herder, Abschied von der Opferrolle, Freiburg 2003

Liebe
Peter Lauster, Die Liebe, Reinbek 1982
Erich Fromm, Die Kunst des Liebens, München 1992

Die Bedeutung der Gedanken
Masaru Emoto, Die Antwort des Wassers, Überlingen 2002
Barbara Hendel, Peter Ferreira, Wasser & Salz, Urquell des Lebens, Schaffhausen 2004

Gesundheit
Rüdiger Dahlke, Die Säulen der Gesundheit, München 2000
Rüdiger Dahlke, Andreas Neumann, Margit Dahlke, Die wunderbare Heilkraft des Atmens, München 2000
Rüdiger Dahlke, Bewusst Fasten, München 2006
Hans-Ulrich Grimm, Die Suppe lügt, Stuttgart 2005
Barbara Temelie, Ernährung nach den Fünf Elementen, Sulzberg 1992

Der persönliche Wohn- und Lebensbereich
Karen Kingston, Feng Shui gegen das Gerümpel des Alltags, Reinbeck 2003
Gudrun Mende, Farbe und Feng Shui, München 2003

Kommunikation in der Gesellschaft
Thomas Grasberger, Franz Kotteder, Mobilfunk, München 2003
Vom Umgang mit Geld
Stuart Wilde, Geld, fließende Energie, München 1999

Arbeit und Beruf
Keshavan Nair, Führen durch Vorbild, Freiburg 1997
Reinhard K. Sprenger, Das Prinzip Selbstverantwortung, Frankfurt 2004

Unternehmen und Organisationen im Kontext
Gunthard Weber, Praxis der Organisationsaufstellungen, Heidelberg 2002

Partnerschaft
Bert Hellinger, Gunthard Weber, Zweierlei Glück, München 2002
Hans Jellouschek, Wie Partnerschaft gelingt, Spielregeln der Liebe, Freiburg 2005
Mira Kirshenbaum, Ich will bleiben aber wie?, Frankfurt 1999

Abschied
Rüdiger Dahlke, Lebenskrisen als Entwicklungschancen, München 1999
Liselotte Staub, Wilhelm Felder Huber, Scheidung und Kindeswohl, Bern 2003
Karin Frei, Gute böse Stiefmutter, Zürich 2005
Melody Beattie, Kraft zum Loslassen, München 1991
Elisabeth Kübler-Ross, Erfülltes Leben – würdiges Sterben, Elisabeth Kübler-Ross, Gütersloh 2004

Gesellschaft
Rüdiger Dahlke, Woran krankt die Welt?, München 2003
M. Kahir, Nahe an zweitausend Jahre, Münster 1992
Alain DeBotton, Statusangst, Fischer (S:), Frankfurt 2004

Quellennachweis:
S. 47: »Die Kraft der Gedanken« aus: Also sprach Mulla Nasrudin,
N. Hodscha, München 1993
S. 110: »Zeitnot« aus: Also sprach Mulla Nasrudin, Nittodscha, München 1993
S. 112, 113, 115 aus: Mein Leben, Mahatma Gandhi, Frankfurt 2004
S. 117: »Keine Zeit« aus: Die fabelhaften Heldentaten des weisen Narren, Mulla Nasrudin, Freiburg 2001
S. 174: »Die Lebensschule« aus: Also sprach Mulla Nasrudin, N. Hodscha, München 1993

Die östlichen Weisheitsgeschichten sind über viele Jahre den verschiedensten Sammlungen entnommen worden.

Trotz intensiver Bemühungen war es dem Verlag leider nicht in allen Fällen möglich, den jeweiligen Rechtsinhaber ausfindig zu machen: Für Hinweise sind wir dankbar. Rechtsansprüche bleiben gewahrt.

Bibliografische Information Der Deutschen Bibliothek
Die Deutsche Bibliothek verzeichnet diese Publikation in der Deutschen Nationalbibliografie; detaillierte bibliografische Daten sind im Internet über http://dnb.ddb.de abrufbar

Kreuz Verlag, Stuttgart
in der Verlagsgruppe Dornier GmbH
Postfach 80 06 69, 70506 Stuttgart

www.kreuzverlag.de
www.verlagsgruppe-dornier.de

© 2006 Kreuz Verlag, Stuttgart
in der Verlagsgruppe Dornier GmbH

Alle Rechte vorbehalten
Umschlaggestaltung: P.S. Petry & Schwamb, Agentur für Marketing und Verlagsdienstleistungen, Freiburg
Umschlagfoto: © Arthur Morris/CORBIS
Satz: de·te·pe, Aalen
Druck: Clausen & Bosse, Leck

ISBN 3-7831-2706-8
ISBN 978-3-7831-2706-5